Wolfgang Stannek

Die Anwendung des § 315 BGB auf Gaslieferverträge

www.salzwasserverlag.de

Stannek, Wolfgang

Die Anwendung von § 315 BGB auf Gaslieferverträge

1. Auflage 2008 | ISBN: 978-3-86741-127-1

© CT Salzwasser-Verlag GmbH & Co. KG, 2008.
Alle Rechte vorbehalten.

Die Deutsche Bibliothek verzeichnet diesen Titel in der
Deutschen Nationalbibliografie.
Bibliografische Daten sind unter http://dnb.ddb.de abrufbar.

Inhaltsverzeichnis

IV

Abkürzungsverzeichnis

Abl.	Amtsblatt der Europäischen Gemeinschaft
Abs.	Absatz
Art.	Artikel
Aufl.	Auflage
AVBEltV	Verordnung über Allgemeine Bedingungen für die Elektrizitätsversorgung von Tarifkunden
AVBGasV	Verordnung über Allgemeine Bedingungen für die Gasversorgung von Tarifkunden
Bd.	Band
BDI	Bundesverband der Deutschen Industrie e. V.
BGB	Bürgerliches Gesetzbuch
BGH	Bundesgerichtshof
BGBl.	Bundesgesetzblatt
BGHZ	Entscheidungssammlung des Bundesgerichtshofes in Zivil-Sachen; herausgegeben von den Mitgliedern des Bundesgerichtshofes und der Bundesanwaltschaft
BGW	Bundesverband der deutschen Gas- und Wasserwirtschaft e. V.
BMWA	Bundesministerium für Wirtschaft und Arbeit
bspw.	beispielsweise
BTOElt	Bundestarifordnung Elektrizität
BTOGas	Bundestarifordnung Gas
BVerfG	Bundesverfassungsgericht
BVerfGE	Entscheidungen des Bundesverfassungsgerichts
bzw.	beziehungsweise
DB	Der Betrieb (Zeitschrift)
DVO	Durchführungsverordnung
e. V.	eingetragener Verein
EnWG	Energiewirtschaftsgesetz
etc.	et cetera

f.	folgende
ff.	fortfolgende
Fn.	Fußnote
GWB	Gesetz gegen Wettbewerbsbeschränkungen
GWF	Das Gas- und Wasserfach (Zeitschrift)
Hrsg.	Herausgeber
i. d. R.	in der Regel
LG	Landgericht
LuftVZO	Luftverkehrszulassungsordnung
MüKo	Münchener Kommentar zum BGB
m. W. v.	mit Wirkung vom
neubearb.	neu bearbeitet
NJW	Neue Juristische Wochenschrift (Zeitschrift)
NJW-RR	Neue Juristische Wochenschrift - Rechtsprechungs-Report Zivilrecht (Zeitschrift)
Nr.	Nummer
NZM	Neue Zeitschrift für Miet- und Wohnungsrecht
OECD	Organisation for Economic Co-operation and Development
OLG	Oberlandesgericht
PrKV	Preisklauselverordnung
RdE	Recht der Elektrizitätswirtschaft (Zeitschrift)
RGBl.	Reichsgesetzblatt
RL	Richtlinie
Rz.	Randziffer
s. u.	siehe unten
Tz.	Textziffer
u. a.	unter anderem/und andere
überarb.	überarbeitet
VersorgW	Versorgungswirtschaft (Zeitschrift)
vgl.	vergleiche

VIK	Verband der Industriellen Energie- und Kraftwirtschaft e. V.
VKU	Verband kommunaler Unternehmen e. V.
Vol.	Volume
VV	Verbändevereinbarung
WM	Zeitschrift für Wirtschafts- und Bankrecht
z. B.	zum Beispiel
ZNER	Zeitschrift für Neues Energierecht

Abbildungsverzeichnis

Einführung

A. Problemstellung

Die deutsche Energiewirtschaft durchläuft gegenwärtig einen einschneidenden Veränderungsprozess. Seit Mitte der 90er Jahre haben sich durch den Erlass der EU-Binnenmarktrichtlinien[1] für Strom und Erdgas die Rahmenbedingungen für die leitungsgebundene Energieversorgung in den Mitgliedsstaaten der europäischen Union grundlegend verändert. In Deutschland erfolgte die Umsetzung der Richtlinien größtenteils durch die zweimalige Neufassung des Energiewirtschaftsrechts in den Jahren 1998 und 2005. Damit sind auch in Deutschland die äußeren Rahmenbedingungen für einen freien Wettbewerb in der bisher monopolistisch geprägten Elektrizitäts- und Gaswirtschaft geschaffen worden.

Trotz der erfolgten Änderungen wird insbesondere von Haushalts- und Kleingewerbekunden (HuK-Kunden) regelmäßig eingewendet, dass es trotz einer rechtlichen Marktöffnung auf dem deutschen Erdgasmarkt immer noch an einem faktischen Wettbewerb fehle. Im Fokus der Kritik stehen dabei die hohen Entgelte für die Erdgasbelieferung sowie die - trotz der rechtlichen Marktöffnung - bisher nicht bestehende Möglichkeit auf preisgünstigere Gasanbieter auszuweichen.

Besonders Kritiker hoher Entgelte haben in letzter Zeit, nachdem einige Gasversorgungsunternehmen die Gaspreise in ihren Lieferverträgen erhöht haben, die Zahlung ihrer Erdgasrechnung mit dem Hinweis auf eine vermutete Unbilligkeit der Preiserhöhung im Sinne von § 315 BGB[2] verweigert. Sie verlangen eine Offenlegung der internen Preiskalkulation der Gasversorgungsunternehmen, um nachprüfbar zu machen, dass die Preiserhöhung der Billigkeit entspricht[3].

Die Gasversorger halten dem entgegen, dass das Erdgas zu allen anderen Energieträgern, insbesondere zum leichten Heizöl, in einem Substitutionswettbewerb („als-ob-Wettbewerb") stehe. Eine Überprüfung der Gaspreise nach § 315 BGB scheitere somit bereits daran, dass sich die Gaspreise im Wettbewerb bilden und eine nach

---

[1] Dazu ausführlich in Kapitel 3.
[2] Dazu ausführlich in Kapitel 5.
[3] Vgl. Salje, P. (2005), S. 278; Ehricke, U. (2005), S. 599.

klassischen Vorstellungen einseitige Leistungsbestimmung im Sinne von § 315 BGB nicht erfolge. Des Weiteren sei die Billigkeit der Gaspreise, sofern diese einer gerichtlichen Kontrolle nach § 315 Abs. 3 BGB zugänglich sind, nicht über die Offenlegung der Kostenkalkulation sondern durch einen Preisvergleich mit den Konkurrenzprodukten festzustellen[4].

Die aktuelle und in der Gasversorgungswirtschaft teilweise heftig geführte Diskussion um die Grenzen des Bestimmungsrechts einer Vertragspartei, insbesondere um die den Gerichten durch § 315 Abs. 3 zugewiesene Billigkeitskontrolle einer vermutet unbilligen Bestimmung der Gegenleistung einer Vertragspartei, wirft eine schon seit langem als schwierig angesehene Kernfrage des Vertragsrechts auf[5]. Der Ursprung der Problematik liegt überwiegend darin, dass die höchstrichterliche Monopolrechtsprechung[6] und die Rechtsprechung zu den Interimsverträgen[7], speziell im Elektrizitätsbereich, schon früh über den originären Anwendungsbereich des § 315 BGB hinausgegangen ist[8].

Da eine klare Differenzierung zwischen den verschiedenen Energieträgern bisher nicht hinreichend erfolgt ist, ist in der obigen Diskussion inzwischen eine Verwässerung der Thematik eingetreten. Es herrscht deshalb teilweise Unklarheit „ob" die Voraussetzungen für eine Anwendung des § 315 BGB auf dem Gasmarkt gegeben sind und „wie", bei Vorliegen der Voraussetzungen, der Billigkeitsmaßstab der Gaspreiskontrolle ausgefüllt werden soll.

Die Grundlegende Fragestellung lautet demnach, ob Gaspreise einer Billigkeitskontrolle nach § 315 BGB zugänglich sind und welche Wertmaßstäbe bei gegebener Anwendbarkeit für den Nachweis der Billigkeit angesetzt werden sollen.

---

4 Vgl. Kunth, B./Tüngler, S. (2005), S. 1314.
5 Vgl. Salje, P. (2005), S. 279; Ehricke, U. (2005), S. 599.
6 Siehe dazu Kapitel 5.
7 Siehe dazu Kapitel 5.
8 Vgl. Baur, J. F./Henk-Merten, K. (2003), S. 13.

Industrieökonomische Grundlagen der leitungsgebundenen Energieversorgung

A. Besonderheit und Probleme der Leitungsgebundenheit

I. Phänomen der Leitungsgebundenheit

Die Besonderheit an leitungsgebundenen Leistungen ist, dass sie für den Transport auf ein spezielles Übertragungs- und Verteilsysteme angewiesen sind. Um beispielsweise Erdgas[9] vom Ort der Produktion (Förderung) bis hin zur Verbrauchsstelle transportieren zu können, ist es zunächst erforderlich ein geeignetes Übertragungs- und Verteilsystem in Form eines Rohleitungsnetzes bereitzustellen[10]. Das bedeutet, dass die Aufnahme der Gasversorgung in einem adäquaten Leitungsnetz mit außerordentlich hohen Investitionen verbunden ist[11].

Die Tatsache, dass Gas und andere Leistungen nicht über herkömmliche Verkehrswege transportiert werden können, bezeichnet man als „Leitungsgebundenheit"[12]. In der leitungsgebundenen Energiewirtschaft können verschiedene Marktstufen[13] unterschieden werden.

II. Natürliche Monopole

Die Besonderheit der Leitungsgebundenheit von Erdgas und die damit einhergehende kapitalintensive Verlegung und Instandhaltung von Gasleitungen, stellen ein großes Wettbewerbshemmnis auf dem Gasmarkt dar[14]. Infolgedessen werden netzbasierte Industrien traditionell auch als „natürliche Monopole" bezeichnet[15]. Natürliche Monopole sind dadurch gekennzeichnet, dass ein einziger Anbieter die „relevante Nachfrage"[16] auf einem Markt zu niedrigeren kostendeckenden Preisen bedienen kann, als dies für mehrere in

---

9 Neben Gas sind beispielsweise auch andere Leistungen wie Strom, Telefon, Bahn und Wasser auf spezielle Netzsysteme angewiesen.
10 Vgl. Theobald, C. (2003), § 1 Rz. 20.
11 Vgl. Neu, A. (1999), S. 11.
12 Vgl. Theobald, C. (2003), § 1 Rz. 20.
13 Zur Darstellung der einzelnen Marktstufen siehe Kapitel 4.
14 Vgl. Däuper, O. (2003), S. 153.
15 Vgl. Varian, H. R. (1999), S. 403.
16 Siehe dazu Kapitel 4.

Konkurrenz zueinander stehende Anbieter möglich wäre[17]. Voraussetzung für das Vorliegen eines natürlichen Monopols ist demnach die Subadditivität der Kostenfunktion, die auf den Vorteilen der Massenproduktion (economies of scale) und auf Verbundvorteilen (economies of scope) gründet und immer dann gegeben ist, wenn eine gemeinsame Produktion einer gegebenen Menge günstiger ist, als eine Aufteilung der Produktion auf zwei oder mehr Unternehmen[18].

B. Natürliche Monopole als Auslöser der Liberalisierung

I. Angreifbarkeit natürlicher Monopole

Bei einer vorliegenden Subadditivität der Kostenfunktion scheint es zunächst wünschenswert, dass der Markt von einem natürlichen Monopol anstelle von miteinander in Konkurrenz stehenden Unternehmen bedient wird. Der Nachteil besteht jedoch darin, dass ein Wettbewerb in dem betreffenden Markt ausgeschaltet ist und der Monopolist seine Marktmacht dahingehend nutzen kann, überhöhte Preise zu setzen[19]. Des Weiteren äußert sich eine fehlende Disziplinierung durch den Markt in einer mangelnden Kundenorientierung und führt zu Verlusten in der internen Produktionseffizienz[20]. Das natürliche Monopol lässt sich folglich als ein Typ des Marktversagens einordnen, da die Freiheit der wirtschaftlichen Betätigung eingeschränkt ist und das gesamtwirtschaftliche Ziel der Wohlfahrtsmaximierung über eine reine Marktallokation nicht erreicht wird[21].

---

17 Vgl. Zimmermann, G. (1989), Sp. 980 ff.; Knieps, G. (2001), S. 21.
18 Vgl. Donath, R. (1996), S. 112; Bräuer, W./Engeln, J./Werner, A. (1997), S. 13; Rügge, P. (1995), S. 191 ff.; Kruse, J. (1989), S. 12. Darüber hinaus besteht bei Systemnetzen die Möglichkeit vernetzte Teilstrecken zu einer Strecke zusammenzufassen (Kostenersparnis durch Leitungsbündelung). Außerdem sinken die relativen Transportkosten bei zunehmender Entfernung (Distanzkostendegression) sowie die notwenigen Reservekapazitäten bei zunehmender Netzgröße (Glättung der Nachfragespitze), vgl. Nill-Theobald, C./Theobald, C. (2001), S. 14.
19 Vgl. Varian, H. R. (1999), S. 396 ff.
20 Vgl. Shirley, M./Walsh, P. (2000), S. 5 ff.
21 Vgl. Zimmermann, G. (2003), S. 7.

Nach der von Baumol (1982, 1 ff.) entwickelten Theorie der angreifbaren Märkte (contestable markets), ist es keine notwendige Voraussetzung für einen funktionierenden Wettbewerb, dass eine große Anzahl von Teilnehmern auf dem Markt agiert. Es können grundsätzlich bereits potenzielle Konkurrenten einen wirksamen Wettbewerbsdruck auf etablierte Unternehmen ausüben[22]. Dies gilt nur dann, wenn für potenzielle Marktteilnehmer keine gesetzlichen Marktzutrittsbeschränkungen bestehen und wenn die für den Markteintritt erforderlichen hohen spezifischen (Fix-)Kosten keine irreversiblen[23] Kosten (sunk costs) darstellen[24]. Wie in der folgenden Grafik deutlich zu erkennen, verfügt ein Monopolist über eine nicht angreifbare Marktmacht, wenn die zum Markteintritt erforderlichen Fixkosten weitestgehend irreversibel sind[25].

Irreversible Kosten / Natürliches Monopol	ja	nein
ja	nicht angreifbares Monopol (Regulierungsbedarf)	unproblematisch
nein	angreifbares Monopol	unproblematisch

Abbildung 1: Fixe Kosten und Angreifbarkeit natürlicher Monopole
Quelle: Eigene Darstellung in Anlehnung an Knieps, G. (2001), S. 33.

II. Wettbewerbsmodelle in der Gaswirtschaft

In der Erwartung, durch mehr Wettbewerb die durch natürliche Monopole entstehenden Effizienzverluste zu senken, sind in den

---

22 Vgl. Baumol, W. J. (1982), S. 1 ff.
23 Irreversible (Fix-)Kosten sind für den Marktzutritt erforderlich, im Falle eines Marktaustritts aber wertlos.
24 Vgl. Neu, A. (1999), S. 12.
25 Vgl. Nill-Theobald, C./Theobald, C. (2001), S. 14. Dies ist typischerweise bei Netzsystemen, wie z. B. bei Versorgungsleitungen für Gas der Fall. Allerdings ist der Übergang von einem angreifbaren zu einem nicht angreifbaren Netz (und umgekehrt) häufig fließend und lässt sich meist nur für den Einzelfall (z. B. für eine bestimmte Marktstufe) feststellen, vgl. Neu, A. (1999), S. 12. Das Konzept der natürlichen Monopole ist stets rein statischer Natur und erfolgt immer im Bereich der relevanten Nachfrage, vgl. dazu. Rügge, P. (1995), S. 248 f.

letzten Jahren die netzgebundenen Versorgungsleistungen zunehmend liberalisiert worden[26]. Um gleichzeitig den mit der Liberalisierung einhergehenden Effizienzgewinn und die dem natürlichen Monopol zugrunde liegenden Größen- und Verbundvorteile ausnutzen zu können, ist es notwendig einen klaren Ordnungsrahmen zu etablieren, in dem in dem die Wettbewerbsregeln und die Kompetenzen der Regulierungsinstanzen eindeutig festgelegt sind[27]. Sofern ein „Wettbewerb zwischen Netzen" aufgrund der oben beschriebenen Charakteristika der leitungsgebundenen Gaswirtschaft nicht möglich oder ökonomisch nicht sinnvoll erscheint, wäre immerhin ein „Wettbewerb in Netzen" oder ein „Wettbewerb um Netze" denkbar[28].

Für einen „Wettbewerb in Netzen" ist eine Trennung zwischen der Gaslieferung   einerseits und dem Netzbetrieb andererseits notwendig. Durch diese Trennung   (vertikale Entflechtung) werden die weiterhin als natürliche Monopole geltenden Transport- und Verteilnetze von den wettbewerbsfähigen Prozessen (z. B. der Gasproduktion) getrennt[29]. Voraussetzung für einen Wettbewerb in den Netzen ist ein diskriminierungsfreier (regulierter) Netzzugang, so dass die Gasverbraucher ihren jeweiligen Gaslieferanten nach individuellen Preisvorstellungen und Qualitätsansprüchen frei wählen können[30].

Der „Wettbewerb um Netze" ist in erster Linie für das natürliche Monopol der örtlichen Verteilnetze geeignet bzw. für Fälle, in denen durch eine Entflechtung ein „Wettbewerb in Netzen" nicht ausreichend oder nicht durchführbar ist. Der Wettbewerb um Netze wird erzeugt, indem die Gemeinden in einem so genannten „Auktionsverfahren" das Recht, eine Infrastrukturleistung anzubieten (Konzession), dem Anbieter überlassen der das günstigste Angebot macht[31].

---

[26] Vgl. Böllhoff, D. (2002), S. 229.
[27] Vgl. Rügge, P. (1995), S. 190.
[28] Vgl. Neu, A. (1999), S. 11.
[29] Vgl. Theobald, C. (2002), S. 16.
[30] Vgl. Bonde, B. (2002), S. 66 f.
[31] Vgl. Theobald, C. (2002), S. 16.

Welche Richtung der deutsche Gesetzgeber seit Beginn der leitungsgebundenen Energiewirtschaft auf dem Weg zu einem liberalisierten Energiemarkt eingeschlagen hat, wird im folgenden Kapitel dargestellt. Im Zusammenhang damit wird aufgezeigt, welchen Einfluss die europäischen Vorschriften auf diese Entwicklung hatten und heute noch haben.

Der Weg zur rechtlichen Liberalisierung monopolistischer Strukturen in der deutschen Gaswirtschaft

A. Historische Entwicklung und Reformierung der leitungsgebundenen Energieversorgung mit Gas

I. Ursprung und historische Entwicklung des Gasmarktes

Die Erdgaswirtschaft ist einer der jüngst entwickelten Bereiche der deutschen Energiewirtschaft. Das erste in den 60er Jahren auf den deutschen Markt drängende Erdgas wurde von der Erdölindustrie zunächst als ein bei der Erdölförderung entstehendes Abfallprodukt betrachtet[32]. Bis dahin kannte man lediglich Kokerei- bzw. Stadtgas[33] als gasförmigen Energieträger, das in Deutschland bereits seit Mitte des 19. Jahrhunderts zur Straßen- und Gebäudebeleuchtung verwendet wurde[34].

Der eigentliche Aufschwung der Erdgasnutzung begann erst Mitte der 60er Jahre mit der Erschließung großer Erdgasvorkommen in den Niederlanden, namentlich Groningen, und durch Funde in Norddeutschland sowie durch die spätere Exploration britischer Erdgasfelder[35]. Erst durch die gezielte Erschließung von Erdgasfeldern und die verfahrenstechnischen Verbesserungen im Bereich der Metallverarbeitung wurde der kapitalintensive Aufbau einer leitungsgebundenen Infrastruktur für den Transport und die Verteilung von Erdgas ökonomisch sinnvoll[36]. Damit war der Weg für das Erdgas frei, um sich bis zum heutigen Tage zu einem der wichtigsten Pfeiler der westeuropäischen Energieversorgung zu entwickeln[37].

---

[32] Vgl. Monopolkommission (1976), Hauptgutachten 1974/1975, Tz. 634; O-ECD (2004), S. 9.

[33] Stadtgas wird entweder durch Kohlevergasung oder Kohleentgasung erzeugt. Siehe zur Beschreibung der einzelnen Verfahren www.umweltlexikon-online.de, Verifizierungsdatum am 22.04.2005.

[34] Vgl. Hensing, I./Pfaffenberger, W./Ströbele, W. (1998), S. 85 f.; Davis, J. D. (1984), S. 3 f.

[35] Vgl. Drasdo, P./Drillisch, J./Hensing, I. (1998), S. 129; von Weizsäcker, C. C. u. a. (1990), S. 42, 45.

[36] Vgl. OECD (2004), S. 9; Hensing, I./Pfaffenberger, W./Ströbele, W. (1998), S. 77 f.

[37] Vgl. Hensing, I./Pfaffenberger, W./Ströbele, W. (1998), S. 77 f.

Bevor im dritten Kapitel auf die Struktur des Erdgasmarktes näher eingegangen wird, wird im nächsten Abschnitt zunächst die Entwicklung des rechtlichen Rahmens der Energiewirtschaft dargestellt.

II. Rechtliche Rahmenbedingungen bis 1998

Die in Deutschland bis 1998 geltenden gesetzlichen Regelungen für die Energiewirtschaft lassen sich auf das 1935 verabschiedete Energiewirtschaftsgesetz (EnWG)[38] sowie auf das Gesetz gegen Wettbewerbsbeschränkungen (GWB)[39] von 1957 zurückführen[40]. In der Präambel des EnWG von 1935 wird die ordnungspolitische Sonderrolle der leitungsgebundenen Energiewirtschaft deutlich. Das Leitmotiv der im EnWG/1935 getroffenen staatlichen Regulierungen war es „volkswirtschaftlich schädliche Auswirkungen des Wettbewerbs" zu verhindern um so eine möglichst sichere und preisgünstige Energieversorgung zu gewährleisten[41]. Wettbewerbliche Prozesse wurden zumindest für möglich gehalten, auch wenn das Ergebnis dieser Prozesse grundsätzlich negativ bewertet wurde[42]. Rechtfertigungsgründe für diese ordnungspolitische Sonderstellung der Energiewirtschaft als „wettbewerblicher Ausnahmebereich" gegenüber anderen volkswirtschaftlichen Sektoren, manifestierten sich in Form der „Besonderheitenlehre"[43]. Es bestand die Auffassung, dass eine gesamtwirtschaftliche Wohlfahrtsmaximierung durch Einführung einer auf Wettbewerb basierenden Wirtschaftsordnung einerseits die Versorgungssicherheit gefährde und andererseits nicht zu einer kostengünstigeren Versorgung für die Gesamtheit der Verbraucher führe[44]. Die Tatsache, dass die beiden

---

[38] Gesetz zur Förderung der Energiewirtschaft vom 13. Dezember 1935, RGBl. I, S. 1451.

[39] Gesetzes gegen Wettbewerbsbeschränkungen vom 27. Juli 1957, BGBl. I, S. 1081.

[40] Vgl. Kramer, N. (2002), S. 9.

[41] Vgl. Neu, A. D. (1999), S. 9.

[42] Vgl. Neu, A. D. (1999), S. 9.

[43] Zur Diskussion der "Besonderheitenlehre" vgl. Kumkar, L./Neu, A. D., Nach beschlossener Marktöffnung auch Wettbewerb in der Elektrizitätswirtschaft? Status quo und Perspektiven in Deutschland und Europa. Institut für Weltwirtschaft, Kiel 1997.

[44] Vgl. Kramer, N. (2002), S. 9 f.

Energieträger Strom und Gas im EnWG/1935 undifferenziert behandelt wurden, trug wohl mit dazu bei, „[...] dass die „Besonderheitenlehre" um die Elektrizitätswirtschaft fokussierte und die Gaswirtschaft im Windschatten dieser Rechtfertigungsargumente quasi mitsegelte obgleich die Unterschiede zwischen diesen beiden Energiemärkten vielleicht markanter sind als ihre Gemeinsamkeiten[45]."

In den vergangenen Jahren sind in Deutschland regelmäßig intensive Diskussionen über die ordnungspolitische Vertretbarkeit der Versorgungsmonopole geführt worden. Einen wichtigen Beitrag dazu leisteten die ausführlichen Analysen der Deregulierungs-[46] und Monopolkommission[47] zu Beginn der neunziger Jahre. Entgegen der oben dargestellten und in der Präambel des EnWG/1935 niedergelegten Auffassung kam die Deregulierungskommission zu dem Ergebnis, dass gerade ein wettbewerblich ausgestaltetes Ordnungsprinzip am besten dazu geeignet sei eine kosten- und ressourceneffiziente Versorgung in den Bereichen der öffentlichen Versorgung zu gewährleisten[48].

Im GWB von 1957 findet die Sonderstellung der Energiewirtschaft ihren Ausdruck darin, dass sie von wesentlichen Verbotstatbeständen des Kartellrechts freigestellt (§§ 103 ff. GWB/1957) wurde. Den öffentlichen Versorgungsunternehmen wurde es unter anderem gestattet durch bilaterale Demarkationsverträge[49] die Absatzgebiete als regionale Absatzmonopole zu konservieren und mit den jeweiligen Kommunen langfristige Konzessionsverträge[50] mit exklusivem Wegerecht für den Bau und die Wartung von Versorgungsleitungen abzuschließen (so genannte „geschlossene Versor-

---

45 Neu, A. D. (1999), S. 9 f.; OECD (2004), S. 10.

46 Im Jahr 1987 wurde eine aus unabhängigen Experten bestehende Kommission von der Bundesregierung beauftragt Deregulierungsvorschläge zu erarbeiten. Die Ergebnisse der Kommission wurden 1991 in einem Bericht vorgestellt.

47 Vgl. Monopolkommission (1994), 10. Hauptgutachten 1992/1993.

48 Vgl. Deregulierungskommission (1991); dazu auch OECD (2004), S. 4.

49 Demarkationsverträge: Stellen eine Verpflichtung der Energieversorgungsunternehmen dar nur innerhalb des eigenen Versorgungsgebietes Versorgungstätigkeiten durchzuführen.

50 Konzessionsverträge: Bezeichnen Regelungen für das alleinige Wegerecht der kommunalen Gebietskörperschaften.

gungsgebiete")[51]. Die durch Demarkationsverträge geschlossenen Versorgungsgebiete waren nur für die an den Demarkationsverträgen beteiligten Vertragspartner geschlossen. Für neue Anbieter bestand grundsätzlich die Möglichkeit in die Demarkationsgebiete einzutreten[52]. An dieser Stelle griffen jedoch die Investitionskontrollen des § 5 EnWG/1935, welche die Aufnahme der öffentlichen Energieversorgung unter die Genehmigungspflicht der zuständigen Aufsichtsbehörde (Wirtschaftsministerien der Bundesländer) stellte. Beispielsweise waren Investitionen zur Verlegung von Doppelleitungen in dem Versorgungsgebiet eines anderen Energieversorgungsunternehmens mit der Zielsetzung einer preisgünstigen Energieversorgung nicht vereinbar und wurden von der Energieaufsichtsbehörde untersagt[53]. Somit waren die Versorgungsunternehmen in ihrem rechtlich abgesicherten Versorgungsgebiet de facto vollständig vor branchaninternem Wettbewerb geschützt und der einzelne Kunde war ohne Ausweichmöglichkeit auf die Belieferung durch das für sein Gebiet zuständige Energieversorgungsunternehmen angewiesen.

Spätestens seit der Novellierung des Energiewirtschaftsrechts im Jahre 1998 [54] haben sich die ordnungspolitischen Rahmenbedingungen grundlegend geändert. Seitdem gilt das Wettbewerbsprinzip ohne Einschränkungen und ohne Übergangslösung auch für die nationale Elektrizitäts- und Gaswirtschaft[55]. Da wesentliche Impulse der Deregulierung[56] durch den Erlass von Vorschriften auf europäischer Ebene erfolgt sind, sollen insbesondere die für den Gasmarkt relevanten Regelungen im Folgenden Abschnitt ausführlich dargestellt werden[57].

---

[51] Vgl. Rügge, P. (1995), S. 23 f.; Kramer, N. (2002), S. 9 f.

[52] Vgl. Neu, A. D. (1999), S. 12.

[53] Vgl. Büdenbender, U. (1995), S. 24; dazu auch Müller, J./Stahl, K. (1996), S. 277 ff.

[54] Dazu ausführlicher unter C.

[55] Vgl. Büdenbender, U. (2002), S. 37; Neu, A. D. (1999), S. 16.

[56] Der Begriff Deregulierung bezeichnet die wirtschaftspolitisch motivierten Maßnahmen des Staates, deren Ziel es ist, den zuvor durch Regulierung erzeugten staatlichen Einfluss auf die Wirtschaft abzubauen.

[57] Vgl. Kramer, N. (2002), S. 10; Neu, A. D. (1999), S. 9.

B. Regelungen und Vorgaben der Europäischen Union als wesentlicher Impuls der rechtlichen Liberalisierung

I. Regelungen zur Infrastruktur und zur Markttransparenz

Eine grundsätzliche Entscheidung zur Verwirklichung des Binnenmarktes hat die Europäische Union mit der „Einheitlichen Europäischen Akte" vom September 1986[58] getroffen[59]. Die Hindernisse, die einer Vollendung des Binnenmarktes entgegenstehen, hat die Kommission 1985 in einem Weißbuch „Vollendung des Binnenmarktes"[60] dargestellt und zu ihrer Überwindung notwendige Maßnahmen vorgeschlagen[61]. Ein den Besonderheiten der Energiewirtschaft gewidmeter Beitrag wurde von der Kommission in einem Arbeitsbericht „Der Binnenmarkt für Energie"[62] im Mai 1988 vorgelegt[63]. Im Wesentlichen konzentrierten sich die in den Arbeitsdokumenten vorgeschlagenen Maßnahmen dabei auf die Intensivierung des Wettbewerbs, auf Kostensenkungen und -ersparnis im Energieangebot und dessen Verteilung, mit dem definierbaren Hauptziel, die Effizienz der Energiewirtschaft vor dem Hintergrund der Versorgungssicherheit zu verbessern[64].

Um dem Ziel eines einheitlichen Energiebinnenmarktes näher zu kommen, wurden in einem ersten Schritt, vom europäischen Rat und auf Vorschlag der europäischen Kommission, drei Richtlinien[65] verabschiedet. Diese Richtlinien betrafen die Transparenz der Gas- und Strompreise für industrielle Endverbraucher sowie den Transit

---

[58] Vertrag zur Gründung der Europäischen Gemeinschaft vom 25. März 1957 nebst allen nachfolgenden Änderungen und Ergänzungen. Der Art. 4 (ex-Art. 3a) des EG-Vertrags schreibt als Prinzip des europäischen Binnenmarktes den „Grundsatz einer offenen Marktwirtschaft mit freiem Wettbewerb" fest.

[59] Vgl. Mestmäcker, E.-J./Gröner, H./Basedow, J. (1990), S. 10; Rügge, P. (1995), S. 57.

[60] Vgl. EG-Kommission (1985), KOM (85) 0310.

[61] Vgl. Mestmäcker, E.-J./Gröner, H./Basedow, J. (1990), S. 10; Rügge, P. (1995), S. 57 ff.

[62] Vgl. EG-Kommission (1988), KOM (88) 238.

[63] Vgl. Mestmäcker, E.-J./Gröner, H./Basedow, J. (1990), S. 10 f.

[64] Vgl. Rügge, P. (1995), S. 58.

[65] Preistransparenzrichtlinie vom 17.07.1990, ABl. Nr. L 185/16; Transitrichtlinie Elektrizität und Erdgas, ABl. Nr. L 313/30 vom 13.11.1990 bzw. ABl. Nr. L 147/37 vom 1.06.1991.

von Gas und Elektrizität zwischen den Mitgliedsländern[66]. Die Richtlinien waren von den Mitgliedsländern und unter Beachtung der jeweiligen Besonderheiten in nationales Recht umzusetzen.

An dieser Stelle ist festzuhalten, dass die obigen Richtlinien weder das auf nationaler Ebene bestehende Prinzip der geschlossenen Versorgungsgebiete in Frage stellten noch auf einen branchen-internen Wettbewerb zielten[67].

II. Europäische Binnenmarktrichtlinien

1. Erste Europäische Binnenmarktrichtlinie Erdgas (98/30/EG)

Auf Grundlage der oben beschriebenen Vorarbeiten wurde in den Jahren 1996 und 1998 die Binnenmarktrichtlinien für Elektrizi-tät[68] und Gas[69] verabschiedet. Die Richtlinien waren nach Inkrafttre-ten innerhalb von zwei Jahren von den jeweiligen Mitgliedstaaten in nationales Recht umzusetzen und verfolgten das Ziel die bisherigen monopolistischen Strukturen in der Energieversorgung abzuschaf-fen und einen brancheninternen Wettbewerb auch in der Gas- und Stromwirtschaft einzuführen[70]. Im Folgenden konzentriert sich die weitere Betrachtung aufgrund der in dieser Untersuchung zu be-handelnden Fragestellung auf die Vorschriften für den Erdgasbin-nenmarkt.

Die erste Europäische Binnenmarktrichtlinie Erdgas (GasRL/1998) wurde am 22. Juni 1998 erlassen und trat am 10. Au-gust 1998 in Kraft. In Deutschland erfolgte die Umsetzung verspätet zum 25. Mai 2003[71]. Nachfolgend werden die wichtigsten Regelun-gen der GasRL/1998 kurz dargestellt[72]:

---

[66] Vgl. Neu, A. D. (1999), S. 16; Rügge, P. (1995), S. 58.

[67] Vgl. Neu, A. D. (1999), S. 16.

[68] Richtlinie 96/92/EG des Europäischen Parlaments und des Rates vom 25. Juli 1996 betreffend gemeinsame Vorschriften für den Elektrizitätsbinnen-markt, ABl. Nr. L 27/20 vom 30. Januar 1997.

[69] Richtlinie 98/30/EG des Europäischen Parlaments und des Rates vom 22.06.1998 betreffend gemeinsame Vorschriften für den Erdgasbinnenmarkt, ABl. Nr. L 204/1 vom 21. Juli 1998.

[70] Vgl. Büdenbender, U. (2003), Einleitung EnWG Rz. 19.

[71] Vgl. Maatz, S./Däuper, O. (2003), Kapitel III 1.2.1, S.1.

[72] Die folgenden Ausführungen beziehen sich auf die Regelungen der Richtli-nie 98/30/EG.

1.) Genehmigungsverfahren für den Bau und Betrieb von Erdgasanlagen

Den Mitgliedländern war es weiterhin gestattet den Bau und Betrieb von Erdgasanlagen einem Genehmigungsvorbehalt zu unterstellen. Genehmigungen konnten nach den in Art. 4 Abs. 1 beschriebenen Formen erteilt werden. Allerdings mussten die Mitgliedsländer nach Art. 4 Abs. 2 über ein Genehmigungssystem verfügen, dass „objektive und nichtdiskriminierende Kriterien festlegt".

2.) Ausmaß der Marktöffnung und Kreis der zugelassenen Kunden

Nach Art. 18 der GasRL konnte die Verwirklichung des Binnenmarktes schrittweise erfolgen um zu gewährleisten, dass den unterschiedlichen Marktstrukturen der jeweiligen Mitgliedsstaaten Rechnung getragen wird und sich die Neugestaltung der Erdgasindustrie in geordneter Art und Weise vollziehen kann. Nach Art. 18 Abs. 2 gehören zum Kreis der „zugelassenen Kunden" „Betreiber von gasbefeuerten Gasversorgungsunternehmen" sowie „andere Endverbraucher mit einem Jahresverbrauch von mehr als 25 Millionen Kubikmeter Gas". Durch eine schrittweise Reduktion des Schwellenwertes wurde gleichzeitig der Marktöffnungsgrad bestimmt.

3.) Regelungen für den Netzzugangs (TPA)[73] und dessen Verweigerungsgründe

Der in den Art. 14 ff. GasRL behandelte Netzzugang hatte eine herausragende Bedeutung für einen freien Binnenmarkt. „Für den Netzzugang können die Mitgliedstaaten eines der in den Artikeln 15 und 16 genannten Systeme oder beide Systeme wählen. Diese Systeme werden nach objektiven, transparenten und nichtdiskriminierenden Kriterien gehandhabt." Die Mitgliedsländer können zwischen einem verhandelten Netzzugang (Art. 15) oder einem (staatlich) geregelten (Art. 16) Verfahren frei wählen. Erdgasunternehmen können aber den Netzzugang auch verweigern (Art. 17), wenn:

---

[73] Third-party access = Netzzugang für Dritte.

- sie nicht über die nötige Kapazität verfügen oder

- der Netzzugang sie daran hindern würde, die ihnen auferlegten gemeinwirtschaftlichen Verpflichtungen[74] (gemäß Art. 3 Abs. 2) zu erfüllen oder

- aufgrund von „Verträgen mit unbedingter Zahlungsverpflichtung" (ToP-Vertrag)[75] die Gewährung des Netzzugangs „ernsthaft wirtschaftliche und finanzielle Schwierigkeiten" entstehen oder „befürchtet" werden (Art. 17 und Art. 25)

- der zugelassenen Kunde des durchleitungsbegehrenden Unternehmens nur in einem der beiden Netze als zugelassener Kunde gilt (Art. 19 - Reziprozitätsklausel)

4.) Regelungen zur Entflechtung integrierter Erdgasunternehmen

Der Art. 13 Abs. 3 sieht „Zur Vermeidung von Diskriminierungen, Quersubventionen und Wettbewerbsverzerrungen" eine funktionale Trennung integrierter Erdgasunternehmen vor. Diese müssen „in ihrer internen Buchführung für ihre Erdgasfernleitungs-, -verteilungs- und -speicherungstätigkeiten getrennte Konten sowie gegebenenfalls konsolidierte Konten für ihre Tätigkeiten außerhalb des Erdgassektors in derselben Weise" führen „wie sie dies tun müssten, wenn die betreffenden Tätigkeiten von separaten Firmen ausgeführt würden." Die ursprünglich angedachte eigentumsrechtliche Trennung („Unbundling") integrierter Unternehmen (horizontal: nach Marktsegment und vertikal: nach Marktfunktion) wird den Mitgliedsstaaten nicht auferlegt. „Die Mitgliedstaaten oder die von ihnen benannten zuständigen Behörden, haben „das Recht auf Einsichtnahme in die Buchführung der Erdgasunternehmen" müssen aber auch die Vertraulichkeit „wirtschaftlich sensibler Informationen" wahren (Art. 12).

---

[74] „[...] die sich auf die Sicherheit, einschließlich der Versorgungssicherheit, die Regelmäßigkeit, die Qualität und den Preis der Lieferungen sowie auf den Umweltschutz beziehen können."

[75] Ein Take-or-Pay-Vertrag bedeutet für den Gasabnehmer, dass er dem Lieferanten für eine kontrahierte Gasmenge unabhängig von seiner tatsächlichen Abnahme, einen fixen Betrag bezahlt.

2. Zweite Europäische Binnenmarktrichtlinie Erdgas (2003/55/EG)

Am 26. Juni 2003 wurde aufgrund des langsamen Voranschreitens der Liberalisierung eine zweite Binnenmarktrichtlinie Erdgas (GasRL/2003) erlassen. Diese war bis zum 1. Juli 2004 von den Mitgliedsländern in nationales Recht umzusetzen. Sie   ersetzte die bisher gültige Erdgasrichtlinie von 1998 und zielt darauf ab die Liberalisierung des europäischen Gasmarktes hin zu einem funktionsfähigen Markt für Erdgas zu beschleunigen. Im Vergleich zur Ersten beinhaltet die zweite Erdgasbinnenmarktrichtlinie weit reichende inhaltliche Änderungen. Nachstehend werden die wichtigsten Änderungen kurz dargestellt[76]:

1.) Vorverlegung der vollumfänglichen Marktöffnung

Nach Art. 23 Abs. 1 der GasRL haben die Mitgliedsstaaten sicherzustellen, dass bis zum 1. Juli 2004 alle zugelassenen Kunden entsprechend Art. 18 der Richtlinie 98/30/EG, „spätestens ab dem 1. Juli 2004 alle Nicht-Haushalts-Kunden" und „ab dem 1. Juli 2007 alle Kunden" ihren Gaslieferanten frei wählen können.

2.) Festlegung eines geregelten Netzzugangs für alle Mitgliedsstaaten

Der Art. 18 der GasRL erteilt den Mitgliedsstaaten die Befugnis ein geregeltes Netzzugangssystem „für den Zugang Dritter zum Fernleitungs- und Verteilernetz und zu den LNG-Anlagen" auf der Grundlage vorab festgelegter Tarife oder zumindest vorab festgelegter und genehmigungspflichtiger Methoden zur Tarifberechnung einzuführen (s. Punkt 3.). Grundsätzlich betrifft dies auch den Zugang zu den Speicheranlagen, insbesondere zu den Speichern zum Ausgleich von saisonalen Schwankungen. Das Prinzip des verhandelten Netzzugangs soll mit zusätzlichen genehmigungspflichtigen Teilinhalten (z. B. Erbringung von (Bilanz-) Ausgleichsleistungen) jedoch weiterhin möglich sein. Netzzugangsverweigerungsgründe entsprechen denen der ersten Richtlinie.

---

[76] Die folgenden Ausführungen beziehen sich auf die Regelungen der Richtlinie 2003/55/EG..

3.) Einrichtung einer nationalen Regulierungsbehörde

Durch die GasRL werden die bisher relativ weit gefassten Spielräume zur administrativen Umsetzung der Vorgaben wesentlich eingeschränkt. Der Art. 25 Abs. 1 der GasRL verlangt von den Mitgliedsstaaten „eine oder mehrere zuständige Stellen mit der Aufgabe als Regulierungsbehörde" zu betrauen, welche zusätzlich „von den Interessen der Erdgaswirtschaft vollkommen unabhängig" sind. Nach Art. 25 Abs. 2 sollen die Regulierungsbehörden „zumindest die Methoden zur Berechnung" oder vor deren Inkrafttreten „Bedingungen für den Anschluss an und den Zugang zu den   nationalen Netzen" festlegen oder genehmigen „einschließlich der Tarife für die Fernleitung und die Verteilung". Von dieser Kontrolle ist auch die Erbringung von Ausgleichsleistungen erfasst.

4.) Strengere Entflechtungsvorschriften

Des Weiteren werden in der GasRL die Entflechtungsvorschriften für Fernleitungs- und Verteilnetzbetreiber strenger gehandhabt. Gehören nach GasRL das Fernleitungsunternehmen (Art. 9 Abs. 1) bzw. der Verteilerunternehmer (Art. 13 Abs. 1) „zu einem vertikal integrierten Unternehmen", so müssen diese zumindest hinsichtlich ihrer „Rechtsform, Organisation und Entscheidungsgewalt unabhängig von den übrigen Tätigkeitsbereichen sein", die nicht mit der Fernleitung respektive der Verteilung von Erdgas zusammenhängen. Die vorgeschrieben rechtliche Entflechtung ist von der nicht erforderlichen eigentumsrechtlichen Trennung des vertikal integrierten Erdgasunternehmens an den Vermögenswerten des Fernleitungs- oder Verteilernetzes zu unterscheiden. Zusätzlich muss eine ausreichende Unabhängigkeit der Unternehmensleitung vom Mutterunternehmen nach den Vorgaben der organisatorischen Entflechtung (Art. 9 Abs. 2 und Art. 13 Abs. 2) gewährleistet sein. Der Art. 13 Abs. 2 GasRL sieht die Möglichkeit für alle Mitgliedsstaaten vor die oben genannten Regelungen der gesellschaftsrechtlichen und organisatorischen Entflechtung nicht auf integrierte Verteilernetzbetreiber anzuwenden, „die weniger als 100.000 angeschlossene Kunden beliefern" (so genannte De-Minimis-Regel). Zusätzlich können die Mitgliedsstaaten nach Art. 33 Abs. 2 GasRL 2003 die Umsetzung der gesellschaftsrechtlichen Entflechtung bei Verteilernetzbetreiber (Art. 13 Abs. 1) „bis zum 1. Juli 2007 zurückstellen".

C. Auswirkungen der Gemeinschaftsrechtlichen Regelungen auf den nationalen Rechtsrahmen

I. Erste Energierechtsnovelle 1998

Am 29. April 1998[77] ist nach jahrelangen Reformbemühungen - das Recht der leitungsgebundenen Energiewirtschaft hin zu wettbewerblichen Strukturen zu verändern - das „Gesetz zur Neuregelung des Energiewirtschaftsrechts" in Kraft getreten. Mit der Neufassung des EnWG wurde das EnWG/1935 ersatzlos aufgehoben und der in § 1 EnWG/1935 definierte Zielkatalog[78] um die Umweltverträglichkeit ergänzt. Auch wenn die damalige Bundesregierung eine umfassende Novellierung der Vorschriften für die leitungsgebunden Energiewirtschaft bereits im Dezember 1991 in einer Darlegung ihres Energiekonzeptes angekündigt hatte, dürfte ein entscheidender Anstoß dieser Reform auf die oben beschriebenen Binnenmarktrichtlinien, insbesondere auf die im Februar 1997 in Kraft getretene Binnenmarktrichtlinie für Elektrizität, zurückzuführen sein[79].

Als eine der wesentlichsten Neuregelungen der Energierechtsnovelle gilt die Streichung der bis dato gültigen §§ 103, 103a GWB[80]. Mit der Aufhebung dieser Paragraphen wurde die Gültigkeit sämtlicher Demarkations- und Konzessionsverträge annulliert und die Gas- und Elektrizitätswirtschaft uneingeschränkt den Regelungen des Kartellrechts unterworfen[81]. Gleichzeitig wurde durch die Beseitigung dieser Vorschriften eine Harmonisierung des deutschen an das europäische Kartellrecht   erreicht (vgl. Art 81 ff. EGV) [82]. Neben der Suspendierung der §§ 103, 103a GWB wurden auch die Investitionskontrollen und Betriebsuntersagungsverfahren ersatzlos aufgehoben (§§ 4, 8, 9 EnWG/1935)[83]. Zwar bedurfte die Aufnahme

---

77 Vgl. BGBl. Teil I, S. 730 vom 24. April 1998.
78 Die bereits im § 1 EnWG/1935 enthaltenen Ziele einer preisgünstigen und sicheren Energieversorgung stellen mit der Ergänzung durch das Ziel der Umweltverträglichkeit die so genannte Ziele-Trias dar, vgl. Büdenbender, U. (2003), § 1 EnWG Rz. 4.
79 Vgl. Kühne, G./Scholtka, B. (1998), S. 1902.
80 Vgl. Bischof, J. (2002), S. 54; Büdenbender, U. (2003), Einleitung EnWG Rz. 22.
81 Vgl. Theobald, C. (2003), § 1 Rz. 76 ff.; Neu, A. D. (1999), S. 21.
82 Vgl. Theobald, C. (2003), § 1 Rz. 76 ff.
83 Vgl. Eickhof, N. (1998), S. 22 f.; Büdenbender, U. (2003), § 1 EnWG Rz. 22.

der Energieversorgung weiterhin einer staatlicher Genehmigung, allerdings entfiel dabei das Kriterium der Überprüfung zur „energiewirtschaftlichen Notwendigkeit" (§ 3 EnWG/1998) [84]. Ziel und Schwerpunkt der Neuausrichtung des EnWG war es demnach den freien Wettbewerb durch die Liberalisierung der wettbewerblichen Ausnahmebereiche zu fördern[85].

Die vorerst nur die Stromwirtschaft betreffenden Regelungen des § 6 EnWG/1998 bezüglich des Zugangs Dritter zu fremden Leitungsnetzen, erklärt sich daraus, dass die europäische GasRL/1998 vor der Verabschiedung des EnWG/1998 noch nicht in Kraft getreten war[86]. Die Umsetzung der GasRL/1998 sollte in einem späteren gesetzgeberischen Schritt erfolgen. Der Schwerpunkt dieser so genannten Gasnovelle[87] lag in der Schaffung einer parallel zu den Regelungen im Strombereich entsprechenden Verpflichtung für die Gasversorgungsunternehmen, Dritten den diskriminierungsfreien Zugang zu den Gasnetzen zu gewähren (§ 6a EnWG)[88]. Zunächst scheiterte die für das Jahr 2002 geplante Gasnovelle und trat erst verspätet zum 24. Mai 2003 in Kraft. Bei der Frage des Netzzugangs Dritter hat der deutsche Gesetzgeber zunächst auf die Einrichtung einer auf europäischer Ebene favorisierten   sektorspezifischen Regulierungsbehörde verzichtet. Analog zu den Regelungen im   Elektrizitätsbereich entschied man sich auch im Gasbereich den Netzzugang nach dem Verhandlungsprinzip zu gewähren (§ 6a Abs. 1 EnWG)[89].

II. Verbändevereinbarung Gas - Regelungsversuch auf privatwirtschaftlicher Ebene

Charakteristisch für die Regelung des verhandelten Netzzugangs ist, dass der Gesetzgeber die konkrete Ausgestaltung des Netzzugangs der privaten Wirtschaft überlassen hat[90]. Die Rahmen-

---

[84] Vgl. Büdenbender, U. (2003), Einleitung EnWG Rz. 22; Neu, A. D. (1999), S. 21.
[85] Vgl. Kleest, J./Reuter, E. (2001), S. 6.
[86] Vgl. Büdenbender, U. (2003), § 1 EnWG Rz. 22.
[87] BGBl. Teil I, S. 686 vom 23. Mai 2003; einen ausführlichen Überblick zu den erfolgten Änderungen auch bei Salje, P. (2003), 205 ff.
[88] Vgl. Büdenbender, U. (2003), § 1 EnWG Rz. 22, 28 f.
[89] Vgl. Bundeskartellamt (2002), S. 9.
[90] Vgl. Theobald, C. (2003), § 1 Rz. 88 f.

bedingungen für die praktischen Fragen des Netzzugangs sind von den Verbänden in einer so genannten „Verbändevereinbarung zum Netzzugang bei Erdgas" (VV Gas) niedergelegt worden[91]. Am 4. Juli 2000 wurde die erste Verbändevereinbarung (VV Gas I)[92] zwischen den Verbänden der Gaswirtschaft geschlossen, die nach zwei im Jahre 2001 erfolgten Nachträgen[93], im Oktober 2002 von der zweiten Verbändevereinbarung (VV Gas II)[94] abgelöst wurde, die als Übergangslösung bis zum 30. September 2003 bestand hatte. Weitere Verhandlungen über eine dritte Verbändevereinbarung wurde seitens der Industrie (VIK und BDI) Mitte 2003 abgebrochen, da es keine weiteren Fortschritte in Richtung Wettbewerb gab. Der grundsätzliche Streitpunkt zwischen den Industrievertretern und den beiden Gasverbänden (BGW und VKU) war das Netzzugangsmodell. Während die industriellen Vertreterverbände auf ein transaktionsunabhängiges Modell setzten und mit der Variante eines Entry-Exit-Modells[95] in die Verhandlungen gingen, bevorzugte die Gaswirtschaft hingegen die Weiterentwicklung des gültigen Punkt-zu-Punkt-Modells[96] (Kontraktpfadmodell) und lehnte den Vorschlag der Industrie aus Gründen mangelnder Umsetzbarkeit ab[97]. Durch das Inkrafttreten des zweiten Gesetzes zur Neuregelung des Energiewirtschaftsrechts verabschiedet sich die deutsche Energiebranche endgültig vom frei verhandelten Netzzugang.

---

91 Vgl. Bundeskartellamt (2002), S. 9; Maatz, S. u. Däuper, O. (2001), Kap. III 1.2.2, S. 1.

92 Verbändevereinbarung zum Netzzugang bei Erdgas (VV Gas I) vom 4. Juli 2000. Dabei handelt es sich um eine Absprache zwischen den Verbänden BDI, VIK, BGW und VKU.

93 Der erste Nachtrag zur VV Gas I erfolgte am 15. März 2001; der Zweite am 21. September 2001.

94 VV Gas II in der Fassung vom 03. Mai 2002.

95 Bei dem von der EU bevorzugten Modell soll die Einspeisung (=Entry) und Entnahme (=Exit) (zeitlich und sachlich) unabhängig voneinander sein. Der Gaslieferant speist an einem beliebigen Punkt Gas ein und zahlt die lokal fällige Einspeisegebühr. Der Transportweg ist für die Berechnung der Kosten unerheblich. Zu einem anderen Zeitpunkt kann dann beliebig Gas an verschiedenen Orten entnommen werden. Deshalb spricht man auch von einem transaktionsunabhängigen Modell. Vgl. Gas-Lexikon bei www.verivox.de, Verifizierungsdatum am 25.07.2005.

96 Beim Punkt-zu-Punkt-Modell zahlt der Energielieferant transaktionsgebunden die Durchleitung vom Einspeisungs- zum Entnahmepunkt.

97 Vgl. vzbv (2003), S. 23.

III. Zweite Energierechtsnovelle 2005

Nach intensiven parlamentarischen Beratungen ist am 12. Juli 2005 das zweite Gesetz zur Neuregelung des Energiewirtschafts-rechts in Kraft getreten[98]. Als Kernelement enthält das neue Gesetzes Vorgaben zur Regulierung der Energieversorgungsnetze sowie zur gesellschaftsrechtlichen Entflechtung des Netzbetriebs. Durch die Neuregelung werden gleichzeitig die Binnenmarktrichtlinien der Europäischen Union für den Gas- und Elektrizitätssektor umge-setzt[99].

Die gesellschaftsrechtlichen Entflechtungsbestimmungen tren-nen den Netzbetrieb von den anderen Geschäftsfeldern der Ener-gieversorgungsunternehmen. Dadurch wird die Neutralität des Ge-schäftsbetriebs gewährleistet und Quersubventionen zwischen den einzelnen Geschäftsbereichen verhindert[100]. Des Weiteren bildet das Gesetz die Grundlage für die parallel vom Bundeskabinett verab-schiedeten Verordnungen[101] für den Netzzugang und die Netzent-gelte bei Strom und Gas, die das Ziel haben die Vorgaben des Ener-giewirtschaftsrechts zu präzisieren und zu ergänzen. Für den Gas-bereich wird in der Gasnetzzugangsverordnung das auf europäi-scher Ebene favorisierte Entry-Exit-Modell näher ausgestaltet. In der Gasnetzentgeltverordnung sind die detaillierten Kalkulationsgrund-lagen zur Bestimmung der Höhe des Netznutzungsentgelts enthal-ten. Der bisherigen „Regulierungsbehörde für Telekommunikation und Post", die jetzt den Namen „Bundesnetzagentur"[102] trägt, wird als zusätzliche und eigenständige Aufgabe die Aufsicht über die Energieversorgungsnetze zugewiesen[103].

---

[98] Vgl. BGBl. Teil I, S.1953 vom 12. Juli 2005.

[99] Vgl. BMWA - Pressemitteilung vom 13.07.2005.

[100] Vgl. BMWA - Tagesnachricht 11499 vom 19.05.2005. Einzusehen unter www.bmwa.bund.de, Verifizierungsdatum am 25.07.2005.

[101] Stromnetzzugangsverordnung (StromNZV), Gasnetzzugangsverordnung (GasNZV), Stromnetzentgeltverordnung (StromNEV), Gasnetzentgeltver-ordnung (GasNEV). Vgl. BMWA - Pressemitteilung vom 13.4.2005.

[102] Die vollständige Bezeichnung lautet: Bundesnetzagentur für Elektrizität, Gas, Telekommunikation, Post und Eisenbahnen.

[103] Vgl. BMWA - Pressemitteilung vom 13.07.2005; BMWA - Tagesnachricht 11499 vom 19.05.2005.

Nach Aussage des BMWA wird durch das zweite Gesetz zur Neuregelung des Energiewirtschaftsrechts der Strom- und Gasmarkt grundlegend neu geordnet. Ziel der neuen gesetzlichen Anforderungen ist es, bei gleichzeitig unverändert hoher Versorgungssicherheit, den Wettbewerb auf dem Strom- und Gasmarkt durch einen diskriminierungsfreien Netzzugang zu fördern. Darüber hinaus werden durch die Aufsicht der Regulierungsbehörde übermäßige Erhöhungen der Netznutzungsentgelte verhindert sowie das derzeitige Netzentgeltniveau im Rahmen einer neu gestalteten Missbrauchsaufsicht überprüft. Für Endverbraucher könnte die Reform somit einen positiven Effekt auf die Preisentwicklung haben[104].

Welchen Einfluss die bisher betrachteten rechtlichen Rahmenbedingungen auf die Entwicklung der Marktstruktur der Gaswirtschaft hatten und heute noch haben wird im folgenden Kapitel dargestellt. Daneben wird auf die Definition des relevanten Marktes und die Preisbildung nach dem Anlegbarkeitsprinzip eingegangen.

---

[104] Vgl. BMWA - Pressemitteilung vom 13.07.2005; BMWA - Tagesnachricht 11499 vom 19.05.2005. Einzusehen unter: www.bmwa.bund.de, Verifizierungsdatum am 25.07.2005.

Organisationsstruktur und Preisbildung in der deutschen Gaswirtschaft

A. Wertschöpfungskette und wirtschaftliche Struktur

I. Marktstruktur der deutschen Gasindustrie

Deutschland kommt mit einem Anteil an der europäischen Gesamtnachfrage nach Erdgas in Höhe von ca. 20% die Stellung des größten Gasverbrauchers in der Europäischen Gemeinschaft zu[105]. Somit ist die Bundesrepublik von rechtlichen Änderungen und der praktischen Ausgestaltung des Binnenmarktes besonders stark betroffen. Auch wenn Deutschland mit einer Gasproduktion von rund 20% ein signifikanter Gasproduzent ist, werden rund 80% der deutschen Gasnachfrage über Importe aus anderen Ländern[106] gedeckt[107].

Zurzeit sind in der Bundesrepublik Deutschland mehr als 750[108] Gasversorgungsunternehmen tätig, die verschiedene Aufgaben der Versorgung übernehmen. Im Wesentlichen lässt sich die Struktur des Gasmarktes in drei verschiedene Marktsegmente bzw. Marktstufen unterteilen, die zusammengenommen die energiewirtschaftliche Wertschöpfungskette bilden[109]:

- **Produktion** (Ferngasstufe mit Direktzugang aus Import/Produktion)

- **Transport** (Ferngasstufe ohne Direktzugang aus Import/Produktion)

- **Verteilung** (Weiterverteilerstufe auf regionaler/lokaler Ebene)

---

[105] Vgl. OECD (2004), S. 26.
[106] Von den 80% stammen die mengenmäßig größten Gasimporte zu 45% aus russischer, zu 27% aus norwegischer und zu 22% aus niederländischer Produktion, vgl. OECD (2004), S. 28.
[107] Vgl. OECD (2004), S. 28.
[108] Einen Überblick über Versorgungsunternehmen findet man bei www.energie-aktuell.de. Verifizierungsdatum am 25.07.2005.
[109] Vgl. Schiffer, H.-W. (2004), S. 34; BMWA (2003), S. 34; Nill-Theobald, C./Theobald, C. (2001), S. 52, 57; Däuper, O. (2003), S. 105; Rügge, P. (1995), S. 18 ff.

Wie in der folgenden Grafik ersichtlich bilden im Wesentlichen 16 Unternehmen die importierende und (überregional) verteilende Ferngasstufe. Annähernd 10 regionale und rund 700 lokale Gasversorger sorgen für die Verteilung des Gases an die Endkunden.

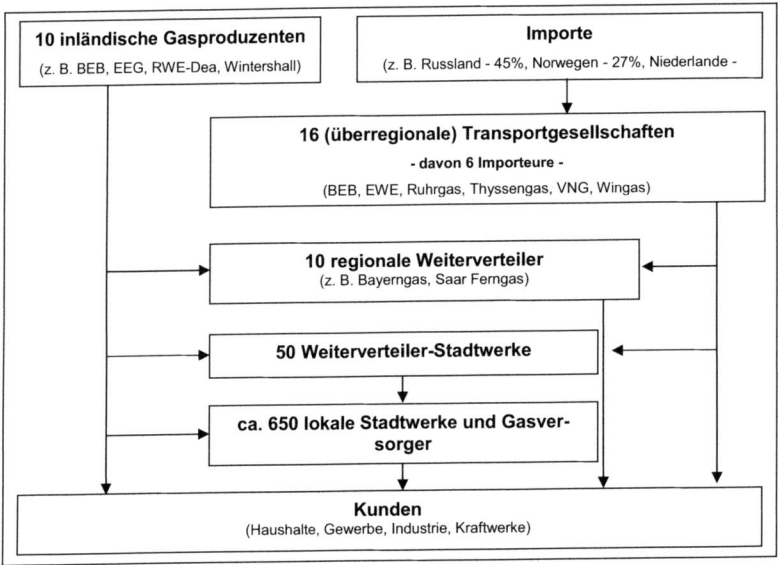

Abbildung 2: Struktur der deutschen Gasindustrie

In Bezug auf die Eigentumsverhältnisse in den einzelnen Marktstufen lässt sich feststellen, dass sich die produzierenden Gasunternehmen und die überregionalen Ferngasgesellschaften ausschließlich in Privatbesitz befinden, wohingegen sich regionale und lokale (Weiter-)Verteiler zum überwiegenden Teil in Landes- und Kommunalbesitz befinden. Letztere weisen aber auch regelmäßig die Form gemischt-öffentlich-privatwirtschaftlicher Unternehmen auf[110].

Entsprechend der „Besonderheitenlehre" wurde die gesamte Gasversorgung lange Zeit als ein natürliches Monopol angesehen[111]. Diese Sichtweise ist mittlerweile erheblich differenzierter und lässt sich insbesondere auf die in Kapitel drei beschriebene Entwicklung

---

[110] Vgl. IEA (2002), S. 73.
[111] Vgl. Theobald, C. (2002), S. 15.

der rechtlichen Rahmenbedingungen zurückführen. Im Hinblick auf die oben dargestellte mehrstufig aufgebaute Wertschöpfungskette, lässt sich einerseits der „relevante Markt" (s. u.) für die Erstbelieferung von Weiterverteilern durch überregionale Ferngasunternehmen sachlich von dem regionalen Weiterverteilermarkt unterscheiden. Zum anderen ist bei der Belieferung von Endkunden der Markt zur Versorgung von Haushalts- und Kleingewerbekunden von dem zur Belieferung von Industriekunden abzugrenzen[112]. Problematisch ist jedoch, dass eine funktionale Zuordnung der einzelnen Unternehmen zu den jeweiligen Funktionsbereichen, mangels eindeutiger Abgrenzungskriterien und aufgrund der vertikalen Integration der einzelnen Marktsegmente, relativ schwierig ist[113]. Um feststellen zu können, auf welcher der drei Markstufen die Kriterien eines nicht angreifbaren natürlichen Monopols erfüllt sind, ist eine detaillierte Analyse der funktionalen Teilbereiche im Sinne des „relevanten Marktes" erforderlich[114].

II. Exkurs: Definition und Abgrenzung des relevanten Gasmarktes

Der Begriff des „relevanten Marktes" ist von anderen ökonomischen Marktbegriffen zu unterscheiden. Die Definition des „Marktes" hat als vorrangiges Ziel die Kräfte des Wettbewerbs, denen sich die tätigen Unternehmen zu stellen haben, systematisch zu ermitteln[115]. Die bei der Definition des „relevanten Marktes" erfolgende Abgrenzung des Marktes in einen sachlichen (produktbezogenen) und einen räumlichen (geographischen) Markt verfolgt den Zweck, zu ermitteln, welche der zueinander in Konkurrenz stehenden Unternehmen faktisch in der Lage sind, „[...] dem Verhalten der beteiligten Unternehmen Schranken zu setzen und sie daran zu hindern, sich jeglichem effektiven Wettbewerbsdruck zu entziehen[116]." Insbesondere für die Bewertung eines konkreten Wettbewerbsfalls ist die kombinierte Betrachtung sowohl des sachlich als auch räumlich re-

---

[112] Vgl. Bundeskartellamt (2002), S. 4.
[113] Vgl. BMWA (2003), S. 34; Neu, A. D. (1999), S. 50.
[114] Vgl. Neu, A. D. (1999), S. 12.
[115] Vgl. EG-Kommission (1997), ABl. C 372, S. 5 ff., Tz. 2.
[116] EG-Kommission (1997), ABl. C 372, S. 5 ff., Tz. 2; zur räumlichen Abgrenzung regionaler Märkte siehe auch Bundeskartellamt (2003), Tätigkeitsbericht 2001/2001, S. 18.

levanten Marktes vielfach ausschlaggebend[117]. Erst dadurch kann die wirtschaftliche Macht der beteiligten Unternehmen eingeschätzt und die Auswirkungen der Wettbewerbsbeschränkung bewertet werden[118].

Nach Ansicht der EG-Kommission ist bei der Bestimmung des relevanten Marktes in erster Linie das Konzept der „Nachfragesubstitutierbarkeit" ausschlaggebend, insbesondere was die Preisentscheidung betrifft. Ein einzelnes bzw. mehrere Unternehmen sind grundsätzlich nicht dazu in der Lage die gegebenen Verkaufsbedingungen (z. B. den Preis) erheblich zu beeinflussen, wenn für Kunden die Möglichkeit besteht auf vor Ort verfügbare Substitute oder ortsfremde Anbieter auszuweichen[119]. Nach Ansicht der Kommission besteht die Abgrenzung des relevanten Marktes im Wesentlichen darin, „[...] das den Kunden tatsächlich zur Verfügung stehende Alternativangebot zu bestimmen, und zwar sowohl in Bezug auf verfügbare Waren und Dienstleistungen als auch den Standort anderer in Frage kommender Anbieter[120]." An dieser Stelle sei aber darauf hingewiesen, dass nicht die Frage der generellen Austauschbarkeit[121] von Produkten im Vordergrund steht, sondern dass eine Umstellung ohne erheblichen Aufwand möglich ist[122].

Bezogen auf die gaswirtschaftliche Wertschöpfungskette erfüllen die Stufen der Produktion/Förderung sowie Handel/Verkauf - anders als die Transport- und Verteilungsebene - nicht alle Kriterien eines natürlichen Monopols[123].

III. Konzentration und Anbieter

1. Marktliche Restrukturierung

In der gesamten Energiewirtschaft konnten in den letzten Jahren grundlegende strukturelle Veränderungen festgestellt werden. Insbesondere durch den Erwerb von Beteiligungen von überregio-

---

[117] Vgl. EG-Kommission (1997), ABl. C 372, S. 5 ff., Tz. 4, 9.
[118] Vgl. Däuper, O. (2003), S. 102.
[119] Vgl. EG-Kommission (1997), ABl. C 372, S. 5 ff., Tz.13.
[120] Vgl. EG-Kommission (1997), ABl. C 372, S. 5 ff., Tz.13.
[121] Zu den Hauptkriterien nach denen sich die Austauschbarkeit bestimmen lässt, vgl. Däuper, O. (2003), S. 103 f.
[122] Vgl. Däuper, O. (2003), S. 103.
[123] Vgl. Theobald, C. (2002), S. 15.

nalen Ferngasgesellschaften und regionalen Weiterverteilern an lokalen und regionalen Endversorgungsunternehmen hat die Anbie-
terkonzentration auf dem Gasmarkt stark zugenommen und dadurch auch das Preisfindungsverhalten der Unternehmen beein-
flusst[124].

Wesentliche Veränderungen der Marktstruktur haben sich insbesondere durch den Erwerb bedeutender Anteile durch die Ruhrgas AG, E.ON AG[125] und RWE AG an kommunalen Gasunternehmen ergeben. Beispielsweise besitz Ruhrgas Minderheitsanteile in 8
regionalen und 15 lokalen Verteilungsunternehmen. E.ON´s Tochterunternehmen Thuega AG besitzt Beteiligungen in über 120 kommunalen und die Tochtergesellschaft E.ON Hanse AG in vergleich-
barer Höhe an lokalen Versorgungsunternehmen. RWE verfügt
durch das Tochterunternehmen Thyssengas GmbH über ein Netz-
werk regionaler und lokaler Verteilungsunternehmen[126]. Eine besonders hervorzuhebende marktliche Veränderung war der Erwerb
sämtlicher Anteile der Ruhrgas AG, des größten deutschen Ferngasunternehmen mit einem Marktanteilanteil von ca. 58%, durch
E.ON Anfang 2003[127]. Des Weiteren fanden aber auch beachtliche
Zusammenschlüsse in Richtung der obersten Marktstufe statt (sog.
„upstream Integrationen")[128]. Zum Beispiel haben Ruhrgas AG, Gas
de France (GDF) und der weltweit größte russische Gasanbieter
Gazprom, den slowakischen Gasleitungsmonopolisten Slovenský
Plynárenský Priemysel (SPP) gekauft. Ruhrgas hält seinerseits 6,5%

---

[124] Vgl. OECD (2004), S. 8 u. 16; BMWA (2003), S. 36; allgemein zu den in den
letzen Jahren erfolgten Zusammenschlüssen von 1986 bis 2004, vgl. Bundeskartellamt (2005), Tätigkeitsbericht 2003/2004, S. 16.
[125] E.ON besteht seit 2000 durch die Fusion von VIAG und VEBA
[126] Vgl. OECD (2004), S. 16 f.; BMWA (2003), S. 36.
[127] Vgl. Bundeskartellamt (2002), S. 22; Die von E.ON im November 2001 ange-
meldete Übernahme der Ruhrgas wurde von Bundeskartellamt im Januar
2001 untersagt. Im Februar 2002 beantragt E.ON die Erlaubnis des Zusam-
menschlusses gemäß § 42 GWB Ministererlaubnis, der nach kritischer Äuße-
rungen der Monopolkommission und der richterlichen Feststellung der
Rechtswidrigkeit der Ministererlaubnis durch das OLG Düsseldorf zunächst
ausgesetzt und schließlich im September 2002 unter verschärften Auflagen
erneut genehmigt wurde, vgl. dazu den Beschluss des Bundeskartellamtes
im Verwaltungsverfahren B 8 - 109/01.
[128] In der Öl- und Gasindustrie werden Aktivitäten näher am Verbraucher als
„downstream" bezeichnet (z.B. Verteilung, Marketing, etc.), während hingegen die Exploration und Produktion „upstream" stattfinden.

an Gazprom. RWE kaufte wiederum den tschechischen Gasmonopolisten Transgas[129].

2. Ansätze zu einem Gas-zu-Gas-Wettbewerb

Die erste gegenläufige Entwicklung der oben beschriebenen Integrationswelle war der Eintritt des überregionalen Gasanbieters Wingas[130] im Jahre 1993. Das bedeutet, dass durch den Markteintritt der Wingas GmbH auf dem deutschen Gasmarkt, bereits schon vor Inkrafttreten des EnWG/1998 erste Ansätze eines brancheninternen Wettbewerbs zu erkennen waren[131]. Allerdings gehört Wingas mit einem Marktanteil von rund 13% bislang zu den relativ kleineren Ferngasunternehmen und konzentriert sich überwiegend auf die Belieferung von andern Ferngasunternehmen. Außerdem könnte die starke bisherige Ausrichtung der Erdgasbeschaffung auf dem russischen Markt auch im Hinblick auf die Versorgungssicherheit potenzieller Kunden einen entscheidenden Einfluss auf die Wettbewerbsstellung der Wingas GmbH haben[132].

Weitere neu auftretende Anbieter, wie beispielsweise die Trianel GmbH (seit 1999) oder die Natgas AG (seit 2000), konnten bisher nur vereinzelt Kunden gewinnen und hatten bisher nur einen unwesentlichen Einfluss auf die Marktstruktur in Deutschland. Die EG-Kommission schätzte in ihrem ersten veröffentlichten Benchmarkingbericht im Jahre 2001, dass weniger als 5% der Großabnehmer ihren bisherigen Gasanbieter gewechselt hatten[133]. Nach Ansicht der Kommission sind bis heute die Fortschritte hin zu einem wettbewerbsorientierten Erdgasmark immer noch sehr enttäuschend[134]. Gerade im Bereich der Haushaltskunden ist derzeitig kaum kein Wechsel zu anderen Gasanbietern möglich.

---

[129] Vgl. IEA (2002), S. 73 f.
[130] Die Wingas GmbH ist ein Gemeinschaftsunternehmen der Wintershall AG (Tochter der BASF) in Kassel (65 %), dem größten deutschen Erdöl- und Erdgasproduzenten, und der russischen Gazprom (35 %) und seit 1993 in der Erdgasversorgung, sowie dem Bau und Unterhaltung von Ferngasleitungen tätig, vgl. www.wingas.basf.de, Verifizierungsdatum am 01.08.2005.
[131] Vgl. Neu, A. D. (1999), S. 72 f.
[132] Vgl. IEA (2002), S. 83; Neu, A. D. (1999), S. 72 f.
[133] Vgl. EG-Kommission (2001), 1. Benchmarkingbericht, S. 26; IEA (2002), S. 83; BMWA (2003), S. 37.
[134] Vgl. EG-Kommission (2004), KOM (2004) 863, S. 8.

Die Gründe für den sich eher schleppend vollziehenden Wettbewerbsprozess liegen zum Einen in dem bislang praktizierten Netzzugangssytem, das bisher noch nicht zu einem marktfähigen Netzzugangsmodell geführt hat und zum Anderen in der fehlenden Freiheit der Versorgungsunternehmen bei der Wahl ihrer Gaslieferanten[135].

B. Preisbildung nach dem Prinzip der Anlegbarkeit

I. Definition und Ausgestaltung des Anlegbarkeitsprinzips

Gaspreise stellen einen essentiellen Bestandteil bei der inhaltlichen Ausgestaltung von Gaslieferverträgen dar. In Deutschland werden auf den dem Beschaffungsmarkt nach gelagerten Großhandels- und Letztverbrauchermärkten häufig zweiteilige Preissysteme verwendet[136]. Dabei bildet der Grund- oder Leistungspreis die Kosten des Lieferanten für die Vorhaltung und ständige Verfügbarkeit des Erdgases ab. Der Arbeitspreis hingegen wird verbrauchsabhängig ermittelt und bildet die gelieferte Menge und somit den Warenwert ab (wertorientierte Preisbildung[137])[138].

Die Höhe des Gasarbeitspreises wird in Deutschland durch den Wert (Preis) der mit dem Erdgas in (Substitutions-)Konkurrenz stehenden Energieträger bestimmt. Diese Form der Preisbildung, die durch „anlegen" des Erdgases an den Preis seiner Konkurrenzenergieträger erfolgt, bezeichnet man als Anlegbarkeitsprinzip[139]. Entscheidend für die Preisbildung bei Erdgas ist demgemäß die Annahme, dass ein Substitutionswettbewerb zwischen den verschie-

---

[135] Vgl. BMWA (2003), S. 37, Trianel (2004), S. 12 f.
[136] Vgl. Neu, A. D. (1999), S. 74; vgl. dazu auch Büttner, W./Däuper, O. (2002), S. 18 ff. Die Preisbildung in Gaslieferverträgen aus rechtlicher Sicht - Teil 2 in: ZNER 2002, 18-24.
[137] In Deutschland bildet sich der Gaspreis wertorientiert und nicht anhand der Kosten der Lieferkette (kostenorientiert). Mit den Kosten der Lieferkette sind auf der Großhandelsebene und den Letztverbrauchermärkten insbesondere die Kosten für Investitionen in Transportnetze und Speichereinrichtungen sowie weitere Verteilungskosten gemeint. Da aber auch die Gasbezugskosten ein wesentlicher und vor allem veränderlicher Kostenfaktor sind, werden auch bei der kostenorientierten Preisbildung die Preisschwankungen durch die Anlegbarkeit verursacht.
[138] Vgl. Däuper, O. (2003), S. 14; Däuper, O. (2002), 2.4.3, S. 1.
[139] Vgl. Däuper, O. (2003), S. 14; Däuper, O. (2002), 2.4.3, S. 1.

nen Energieträgern besteht. Bei der Ausrichtung des Gaspreises am Wert eines Konkurrenzproduktes werden die Kosten zu Grunde gelegt, die einer jeweiligen Abnehmergruppe entstünden, wenn sie den für sie günstigsten alternativen Energieträger zum Gas verwenden würden[140]. Dadurch werden die unterschiedlichen Zahlungsbereitschaften verschiedener Abnehmergruppen berücksichtigt um auf diesem Wege die Preise abnehmerindividuell zu differenzieren[141]. Die nachstehende Abbildung zeigt, wie die Gaspreisentwicklung insgesamt mit einer gewissen zeitlichen Verzögerung dem Heizölpreis folgt[142].

---

[140] Bei der Ermittlung des anlegbaren Preises werden die Anwendungsvorteile und -nachteile im Preis einzeln berücksichtigt. Detaillierter zur Bildung des anlegbaren Preise s. Däuper, O. (2003), S. 4 f.

[141] Vgl. Däuper, O. (2003), S. 19; Däuper, O. (2002), Kap. III 2.4.3, S. 1.

[142] Vgl. BMWA (2003), S. 39.

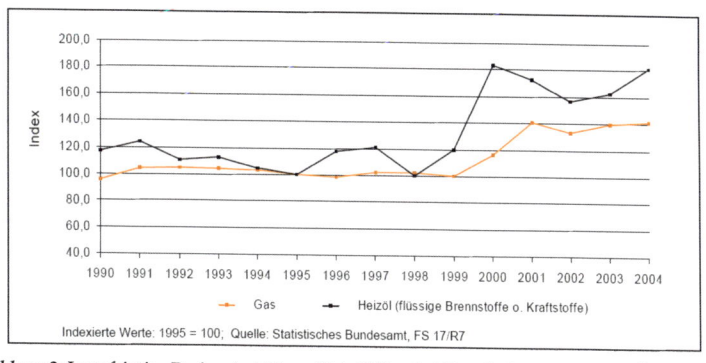

Abbildung 3: Langfristige Preisentwicklung Heizöl/Gas bei Haushalten 1990-2004 / Ölpreisbindung
Quelle: BGW (2005)143

Allerdings ermöglicht das Anlegbarkeitsprinzip die Preisfindung nur an einem bestimmten Stichtag. Es stellt sich somit die Frage, wie man bei über mehrere Jahre abgeschlossenen Gaslieferungsverträgen einer Preisentwicklung Rechnung tragen kann, die zur Zeit des Vertragsschlusses im Einzelnen noch nicht absehbar war. Zur Lösung dieses Problems wurden Preisgleitklauseln entwickelt, die das Prinzip der Anlegbarkeit auf die gesamte Laufzeit eines Gasliefervertrages, häufig 10 Jahre und mehr, übertragen[144].

Nach Ansicht der Gaswirtschaft dient das Anlegbarkeitsprinzip dazu, dass das Erdgas, insbesondere wegen der Substitutionskonkurrenz zum leichten Heizöl, stets zu „wettbewerbsfähigen" Preisen angeboten werden kann[145]. In Politik und Wissenschaft wird diese Auffassung hingegen eher kritisch betrachtet.

II. Bedenken gegen das Anlegbarkeitsprinzip

Gegen das Prinzip der Anlegbarkeit bestehen erhebliche Bedenken sowohl aus rechtlicher als auch aus ökonomischer Sicht. Das Anfang der 70er Jahre von der Ölindustrie eingeführte Anlegbarkeitsprinzip wurde bereits von Anfang an vom Bundeskartellamt

---

[143] Pressegrafik des BGW, abrufbar unter www.bgw.de/de/energiepolitik/gaspreise/pressegrafiken, Verifizierungsdatum am 29.07.2005.
[144] Vgl. Däuper, O. (2002), Kap. III 2.4.3, S. 1.
[145] Vgl. BMWA (2003), S. 39.

und der Monopolkommission kritisch beobachtet[146]. Das Bundeskartellamt wies in seinem Tätigkeitsbericht von 1974 darauf hin, dass ein „Wettbewerbspreis" von Erdgas nicht einfach mit dem Hinweis auf den jeweiligen Heizölpreis zu beantworten sei. Im Wesentlichen müssten die bei der Erzeugung und Verteilung von Erdgas entstehenden Kosten mit berücksichtigt werden[147]. Des Weiteren stelle sich aus kartellrechtlicher Sicht die Frage, ob eine synchrone Preisbildung nach dem Anlegbarkeitsprinzip „[...] ein noch unbedenkliches Parallelverhalten oder bereits ein aufeinander abgestimmtes Verhalten der jeweiligen Unternehmen darstellt, das Beschränkungen des (Preis-) Wettbewerbs bezweckt oder bewirkt [...]"[148].

Die Monopolkommission beanstandete in ihrem Hauptgutachten von 1973/1975, dass die Kosten des Anbieters „[...] in die Überlegung seiner Preisforderung nur als Preisuntergrenze [...]„ eingingen und die praktizierte Ölpreisbindung einer Preisbildung unter Wettbewerbsbedingungen nicht entspräche[149]. Des Weiteren würde das Anlegbarkeitsprinzip und die darauf basierende Preisbildung aufgrund der individuellen Preisdiskriminierung, die Herausbildung eines einheitlichen, für Wettbewerbsmärkte typischen, Marktpreises verhindern[150]. Die Monopolkommission bemängelt außerdem, dass in Bezug auf die grundsätzlich zu bejahenden Substitutionskonkurrenz zwischen den Energieträgern Öl und Gas, die spezielle Preisbindung bewirke, dass ein Angebotsüberhang bei Gas nicht zu Preissenkungen und eine Angebotsverknappung nicht zu Preiserhöhungen führe und sich somit der Substitutionswettbewerb nur unvollkommen entfalten könne[151].

Dass die Erdgaspreise trotz der bereits sehr früh ergangenen Kritik durch das Bundeskartellamt und die Monopolkommission auch heute noch nach dem Anlegbarkeitsprinzip gebildet werden, liegt wohl in der Tatsache begründet, das die Preise der Produzen-

---

[146] Die kritische Diskussion um die Ölpreisbindung wurde insbesondere durch den mit der Ölkrise 1973 einhergehenden Preisanstieg für Öl, und mittelbar für Erdgas, noch verstärkt, vgl. Däuper, O. (2003), S. 42, 46.

[147] Vgl. Bundeskartellamt (1974), Tätigkeitsbericht 1974, S. 88.

[148] Vgl. Däuper, O. (2002), Kap. III 2.4.3, S. 3 f.

[149] Vgl. Monopolkommission (1976), Hauptgutachten 1973/1975, Tz. 637.

[150] Vgl. Monopolkommission (1976), Hauptgutachten 1973/1975, Tz. 638.

[151] Vgl. Monopolkommission (1976), Hauptgutachten 1973/1975, Tz. 639.

ten nach einer so genannten Rückwärtsrechnung[152] (net-back-Rechnung) gebildet werden und dadurch das Anlegbarkeitsprinzip ursprünglich auf dem europäischen Beschaffungsmarkt angesiedelt ist. Für die nach gelagerten Handelsstufen stellt das Prinzip der Anlegbarkeit so zusagen ein „ökonomisches Datum" dar, dem sich die Gaswirtschaft grundsätzlich nicht entziehen kann[153]. Ob die Preisbildung nach dem Prinzip der Anlegbarkeit aufgrund der stetig voranschreitenden Liberalisierung des europäischen und deutschen Gasmarktes weiterhin Bestand haben wird bleibt abzuwarten[154].

III. Möglichkeiten einer Preiskontrolle

Seit 1959 unterliegen die Pflichttarife der Gaswirtschaft nicht mehr einer Genehmigungspflicht durch die Wirtschaftsministerien der Länder[155]. Durch die kartellrechtlichen Vorschriften, insbesondere durch die Missbrauchsaufsicht (§ 19 GWB) und das Diskriminierungsverbot (§ 20 GWB), wird jedoch eine staatliche Aufsicht gewährleistet. Gemäß § 19 GWB ist den zuständigen Kartellbehörden aufgetragen gegen den Missbrauch einer marktbeherrschenden Stellung vorzugehen[156]. Ein solcher Missbrauch ist unter anderem dann gegeben, wenn ein marktbeherrschendes Unternehmen „[...] ungünstigere Entgelte oder Geschäftsbedingungen fordert, als sie das marktbeherrschende Unternehmen selbst auf vergleichbaren Märkten von vergleichbaren Abnehmern fördert, es sei denn, dass der Unterschied sachlich gerechtfertigt ist." (§ 19 Abs. 4 Nr. 3 GWB). Davon abzugrenzen ist die kartellrechtlich Preishöhenkontrolle. Im Rahmen dieser Preishöhenkontrolle wird untersucht, ob die Preise eines Gasversorgungsunternehmens im Vergleich zu den Preisen eines anderen Gasversorgungsunternehmens missbräuchlich über-

---

[152] Als Konsequenz der Preisfindung nach dem Anlegbarkeitsprinzips auf den Letztverbrauchermärkten bildet sich der Preis für die Produzenten in einer Art Rückwärtsrechnung. Dabei besteht der Preis aus dem für ein bestimmtes Kundensegment geltenden anlegbaren Preis abzüglich aller für die Belieferung dieser Endverbraucher anfallenden Kosten des Transportes, der Speicherung und Verteilung sowie abzüglich der Steuern, vgl. Däuper, O. (2003), S. 5 f.

[153] Vgl. Büdenbender, U. (2003), § 1 EnWG Rz. 27.

[154] Vgl. Bundeskartellamt (2005), Tätigkeitsbericht 2003/2004, S. 139.

[155] Siehe zur Aufhebung der BTOGas Kapitel 5 Abschnitt D.

[156] Bis 1998 ergab sich die Prüfungsnorm aus § 103 GWB a.F., vgl. Rügge, P. (1995), S. 24 f.

höht sind. Dieses Problem wird im Ansatz über einen brancheninternen Vergleich der Gaspreise in den unterschiedlichen Versorgungsgebieten („Vergleichsmarktkonzept" gemäß § 19 Abs. 4 Nr. 2 GWB) gelöst, wobei hier gebietsstrukturelle Faktoren berücksichtigt werden müssen[157]. Zur Feststellung einer marktbeherrschenden Stellung muss dabei zunächst der sachlich und räumlich relevante Markt abgegrenzt werden[158].

Wie bereits erwähnt, besteht neben einer kartellrechtlichen Preiskontrolle grundsätzlich die Möglichkeit, Preise bei einer vermuteten Unbilligkeit der zivilrechtlichen Preiskontrolle gemäß § 315 Abs. 3 BGB zu unterwerfen.

Vorab gilt es die Frage zu beantworten, ob der § 315 BGB auf das Rechtsverhältnis zwischen Gasversorger und Letztverbraucher überhaupt anwendbar ist und ob gegebenenfalls die kartellrechtlichen Regelungen als „lex specialis" die Vorschriften des zivilen Rechts verdrängen. Denn nur in diesem Fall ist die gerichtliche Billigkeitskontrolle für Gaspreise eröffnet.

---

[157] Vgl. Däuper, O. (2002), Kapitel III 2.4.3, S. 6; vgl. ausführlich zur Preishöhenkontrolle Piltz, H. (1999), S. 117 ff.
[158] Vgl. Rügge, P. (1995), S. 27.

Die gerichtliche Billigkeitskontrolle von Gaspreisen gemäß § 315 Abs. 3 BGB

A. Rechtverhältnis zwischen Letztverbrauchern und Gasversorgungsunternehmen

Grundsätzlich wird über die Belieferung eines (End-)Kunden mit Gas ein schuldrechtlicher Vertrag geschlossen[159]. Das liegt insbesondere daran, dass Energielieferverträge als entgeltliche Austauschverhältnisse konzipiert sind und der Vertrag für einen derartigen Leistungsaustausch die übliche Gestaltungsform darstellt[160]. Energielieferverträge kommen demnach grundsätzlich durch übereinstimmende Willenserklärungen gemäß der §§ 145 ff. BGB zustande. In Bezug auf Gasversorgungsverträge bedeutet dies, dass ein Vertrag durch die Bereitstellung des Gases durch Anschluss (Angebot) und den Gasbezug (Annahme) zustande kommt. Bei Uneinigkeiten im Hinblick auf einzelne Vertragsinhalte, wie zum Beispiel den Gaspreis, kann ein Vertragschluss aber auch durch konkludentes Handeln - Weiterbezug des Gases trotz fehlender Einigung über den Preis - erfolgen.

Trotz der hohen praktischen Relevanz von Energielieferverträgen im Wirtschaftsleben fehlt es an einer gesetzlichen Typisierung[161]. Einigkeit besteht dahingehend, dass Energielieferverträge als Kaufverträge oder als kaufähnliche Verträge qualifiziert werden, auf die die Bestimmungen des Kaufvertragsrechts §§ 433 ff. BGB anzuwenden sind[162]. Je nach anwendbarem Rechtsrahmen oder Vertragstyp besteht eine Vielzahl verschiedener Energielieferverträge[163]. Dabei ist zunächst grundlegend zwischen Tarifkunden[164] und

---

[159] Vgl. de Wyl, C./Essig, J./Holtmeier, G. (2003), § 10 Rz. 1.

[160] Vgl. Baur, J. F./Henk-Merten, K. (2003), S. 17 f.

[161] Vgl. de Wyl, C./Essig, J./Holtmeier, G. (2003), § 10 Rz. 2.

[162] Vgl. Büdenbender, U. (2003), Einleitung Rz. 8; BGH NJW 1983, 1777; BGH RdE 1994, 70, 72.

[163] Der Begriff des Energieliefervertrages umfasst auch Verträge auf der Großhandelsebene zwischen Produzent und Händler einerseits und Händler oder Lieferanten (z. B. weiterverteilende Stadtwerke) andererseits.

[164] Tarifkunden sind Abnehmer die zu allgemeinen Tarifen und allgemeinen Versorgungsbedingungen (bzw. § 10 Abs. 1 EnWG) beliefert werden, vgl. Kunth, B./Tüngler, S. (2005), S. 1314.

(Norm-)Sondervertragskunden[165] zu unterscheiden[166]. Im Tarifkundenbereich wird der Vertragsinhalt weitgehend von den Verordnungen über allgemeine Lieferbedingungen für die Gasversorgung von Tarifkunden (AVBGasV)[167] bestimmt. Für Sonderverträge hingegen gilt für die inhaltliche Ausgestaltung das Prinzip der Vertragsfreiheit. Sie unterliegen im Wesentlichen den allgemeinen Regelungen des BGB, insbesondere aber auch denen bezüglich Einbeziehung und Verwendung Allgemeiner Geschäftsbedingungen (AGB), auf die im Rahmen dieser Untersuchung nicht weiter eingegangen werden soll[168]. Auch auf die verschiedenen Arten[169] von Lieferverträgen und die Diskussion um dessen Einordnung als echte oder unechte Dauerschuldverhältnisse[170], sei an dieser Stelle nur hingewiesen.

Der Gegenstand eines Gaslieferungsvertrags im herkömmlichen Sinne war die Versorgung mit Gas unmittelbar an der Verbraucherstelle. Der Lieferant verpflichtete sich zum Ausgleich der Energie- und Leistungsentnahmen des Kunden am Kundenanschluss (so genannter „all-inclusive-Vertrag")[171]. Mit der durch die

---

165 Für die Abgrenzung von Tarif- und Sondervertragskunden gilt § 11 Abs. 2 der fort geltenden Durchführungsverordnung (DVO) zum EnWG. Sonderabnehmer sind diejenigen Abnehmer, die regelmäßig zu günstigeren als den allgemeinen Bedingungen und allgemeinen Preisen beliefert werden, vgl. Kunth, B./Tüngler, S. (2005), S. 1314. Normsonderkunden sind sonstige Kleinabnehmer (i. d. R. kleine Gewerbebetriebe), die sich von den normalen Tarifversorgungsverträgen nur durch ihr Abweichen von den allgemeinen Tarifen und regelmäßig längerer Vertragslaufzeit unterscheiden. Der Einbezug der AVB erfolgt im Gegensatz zum Tarifkundenbereich nicht durch Rechtsetzungsakt, sondern durch eine vertragliche Übereinkunft. Der Anspruch auf eine Versorgung zu allgemeinen Tarifen und Bedingungen bleibt jedoch, sofern keine individualvertragliche Regelung getroffen wurde, unberührt, vgl. Kunth, B./Tüngler, S. (2005), S. 1314.
166 Vgl. de Wyl, C./Essig, J./Holtmeier, G. (2003), § 10 Rz. 5.
167 Verordnung über allgemeine Bedingungen für die Gasversorgung von Tarifkunden vom 21. Juni 1979, BGBl. I, S. 676.
168 Vgl. Theobald, C. (2003), § 1 Rz. 164 ff.
169 Dazu gehören z. B. Vollversorgungs-, Spotlieferungs-, Reservelieferung- und Bündelkundenverträge.
170 Zur Unterscheidung von echten Dauerschuldverhältnissen und unechten Dauerschuldverhältnisse in Form von Sukzessivlieferungsverträgen, vgl. de Wyl, C./Essig, J./Holtmeier, G. (2003), § 10 Rz. 109 f.
171 Vgl. Held, C./Neveling, S. (2001), Kapitel III 2.6.1, S. 1; de Wyl, C./Essig, J./Holtmeier, G. (2003), § 10 Rz. 49 ff.

Liberalisierung der Energiemärkte geschaffenen Netzzugangsmöglichkeit für Dritte besteht - zumindest rechtlich - die Möglichkeit der freien Wahl des Energielieferanten.

Bei fortbestehendem Netzmonopol kann nun die im Begriff der „Versorgung" enthaltene Integration von Transport und Gaslieferung aufgehoben und sowohl gedanklich als auch rechtlich in zwei von einander unterschiedliche Leistungen aufgeteilt werden[172]. Demnach sind heutzutage Lieferverträge von Netzanschluss-, Netznutzung- bzw. Netzzugangsverträgen gegeneinander abzugrenzen. Der (End-)Kunde hat allerdings im Falle eines Lieferantenwechsels nicht zwingend etwas mit den   Fragestellungen des Netzzugangs und der Netznutzungsentgelte zu tun. Er kann die Verantwortung bezüglich der Organisation, der rechtlichen Regelung sowie der Zahlung des Netznutzungsentgeltes auf den Lieferanten übertragen. Sofern sich Kunden unter den derzeitigen Rahmenbedingungen für einen neuen Lieferanten entscheiden, werden sie voraussichtlich auch weiterhin einen Vertrag abschließen, der sowohl die Gaslieferung als auch die dafür erforderliche Netznutzung beinhaltet[173].

B. Anwendungsbereiche des § 315 BGB

Vertragsparteien müssen sich grundsätzlich über sämtliche Punkte eines Vertrages einig sein. Nach § 154 Abs. 1 S. 1 BGB ist im Zweifel ein Vertrag nicht geschlossen, solange sich die Parteien nicht über alle Punkte des Vertrages geeinigt haben, über die nach der Erklärung auch nur einer Partei eine Vereinbarung getroffen werden soll. Demgegenüber gestatten es die §§ 315, 316 BGB unter Verzicht auf die Bestimmtheit der Leistung, dass die Leistungsbestimmung von einem Vertragsteil einseitig vorgenommen werden kann[174]. Voraussetzung der Anwendbarkeit des § 315 BGB ist dabei grundsätzlich die Vereinbarung eines einseitigen Leistungsbestimmungsrechts, sowie dessen Ausübung im Rahmen eines bestehenden Rechtsverhältnisses bzw. geschlossenen Vertrags[175].

---

[172] Vgl. Held, C./Neveling, S. (2001), Kapitel III 2.6.1, S. 1; de Wyl, C./Essig, J./Holtmeier, G. (2003), § 10 Rz. 7 f.

[173] Vgl. Held, C./Neveling, S. (2001), Kapitel III 2.6.3, S. 1 f.

[174] Vgl. Ehricke, U. (2005), S. 600; MüKo-Gottwald (2003), § 315 Rz. 12; Staudinger-Rieble (2001), § 315 Rz. 5.

[175] Vgl. Soergel-Wolf (1990), § 315 Rz. 8; Staudinger-Rieble (2001) § 315 Rz. 97 ff., 188 f.; MüKo-Gottwald (2003) § 315 Rz. 12.

Darüber hinaus wird der § 315 BGB in verschiedenen Sachverhalten entsprechend angewandt. Im Folgenden werden zunächst die Fallgruppen dargestellt, in denen der § 315 BGB zur Anwendung kommt. Im Anschluss daran wird untersucht inwieweit Endverbraucherpreise für Erdgas darunter fallen.

I. Anwendungsfälle des § 315 BGB

1. Direkte Anwendbarkeit

Der originäre Anwendungsfall der gerichtlichen Billigkeitskontrolle nach § 315 Abs. 3 BGB ist derjenige, dass einer Partei durch Gesetz oder Vertrag, ein Leistungsbestimmungsrecht zusteht[176]. Die Leistungsbestimmung ist dann von dem Bestimmungsberechtigten im Zweifel gemäß § 315 Abs. 1 BGB nach „billigem Ermessen" zu treffen[177]. Entspricht die nach „billigem Ermessen" einer Partei festzusetzende Leistung allerdings nicht der „Billigkeit" oder wird sie verzögert, so ist die Bestimmung gemäß § 315 Abs. 3 für den anderen Vertragsteil unverbindlich und wird durch Urteil getroffen[178]. Auf diese Weise wird die unbillige Entscheidung der Leistungsbestimmenden Partei durch eine die Billigkeit beachtende Gerichtsentscheidung ersetzt[179].

§ 315 BGB - Bestimmung der Leistung durch eine Partei

(1) Soll die Leistung durch einen der Vertragschließenden bestimmt werden, so ist [...] die Bestimmung nach billigem Ermessen zu treffen [...].

(2) [...]

(3) ¹Soll die Bestimmung nach billigem Ermessen erfolgen, so ist sie für den anderen Teil nur verbindlich, wenn sie der Billigkeit entspricht.

---

[176] Vgl. Baur, J. F./Henk-Merten, K. (2003), S. 20; MüKo-Gottwald (2003), § 315 Rz. 18; BGH NJW 1976, 892, 893; dazu auch Salje, P. (2005), S. 280, mit Verweis auf die Nachweise bei Erman-Hager (2004), § 315 Rz. 7 ff., Band 1, 11. Auflage.

[177] Vgl. Kunth, B./Tüngler, S. (2005), S. 1313; Baur, J. F./Henk-Merten, K. (2003), S. 19.

[178] Vgl. Kunth, B./Tüngler, S. (2005), S. 1313; Soergel-Wolf (1990), § 315 Rz. 6; MüKo-Gottwald (2003), § 315 Rz. 50.

[179] Vgl. Büdenbender, U. (2002), S. 53 f.

²Entspricht sie nicht der Billigkeit, so wird die Bestimmung durch Urteil getroffen; das Gleich gilt, wenn die Bestimmung verzögert wird.

Bezüglich der Energiepreise für Gas fehlt es jedoch regelmäßig an einem vereinbarten einseitigen Leistungsbestimmungsrecht zwischen den Vertragsparteien, sodass eine direkte Anwendung des § 315 BGB nicht in Frage kommt[180].

2. Erweiterung des Anwendungsbereiches durch die Rechtsprechung

2.1 Kontrahierungszwang bzw. gesetzliches (Dauer-) Schuldverhältnis

Neben der oben beschriebenen unmittelbaren Anwendbarkeit wird der § 315 BGB auch analog auf solche Sachverhalte angewendet, in denen Lieferant und Abnehmer, kraft gesetzlicher Verpflichtung, zwangsläufig zueinander in eine dauerhafte (kauf-) vertragliche Leistungsaustauschbeziehung treten müssen (Kontrahierungszwang)[181]. Besteht zwischen den Parteien dieses Schuldverhältnisses Uneinigkeit über den Preis, hat dies nicht zur Folge, dass die Parteien in einem vertraglosen Zustand handeln[182]. Eine fehlende Einigung über den Preis, sowie die nicht erteilte Ermächtigung zur Leistungsbestimmung im Hinblick auf die Preisfestsetzung nach § 315 Abs. 1 BGB, hätte anderenfalls zur Konsequenz, dass ein Liefervertrag wegen der Dissens nach § 154 Abs. 1 BGB nicht besteht und bereicherungsrechtlich nach den §§ 812 ff. abzuwickeln wäre[183]. In solchen Fällen muss sachgerecht davon ausgegangen werden, dass, entgegen der Auslegungsregel des § 154 Abs. 1 BGB, auch ohne Einigung bezüglich des Preises zwischen den Geschäftspartnern ein Vertrag zustande kommt. Die verbleibende Inhaltslücke muss, sofern auch später keine Einigung erfolgt, gemäß den gesetzlichen Vorschriften ausgefüllt werden. In einem wie dem hier dargestellten

---

[180] Vgl. Baur, J. F./Henk-Merten, K. (2003), S. 17.

[181] Vgl. BGHZ 41, 271, 275.

[182] In dem Umstand der Fortführung des Versorgungsverhältnisses trotz fehlender Einigung sieht die Rechtsprechung den im Wege der Auslegung festzustellenden Willen der Parteien (§§ 133, 157 BGB), den Leistungsaustausch vertraglich zu wollen, vgl. Büdenbender, U. (2002), S. 56.

[183] Vgl. BGHZ 41, 271, 275; Büdenbender, U. (2002), S. 56.

Sachverhalt bietet sich zur Ausfüllung der Lücke die entsprechende Anwendung des § 315 BGB an[184]. Dabei steht nach § 316 die Bestimmung des Umfangs der für eine Leistung versprochenen Gegenleistung im Zweifel demjenigen zu, welcher die Gegenleistung zu fordern hat.

§ 316 BGB - Bestimmung der Gegenleistung durch eine Partei

Ist der Umfang der für eine Leistung versprochenen Gegenleistung nicht bestimmt, so steht die Bestimmung [...] demjenigen Teil zu, welcher die Leistung zu fordern hat.

Einer der ersten Anwendungsfälle dieser Rechtssprechung war die Entscheidung „Milchgeldkürzungen" des BGH im April 1964[185]. Insbesondere in der Elektrizitätswirtschaft, bei den so genannte „Interimsverhältnissen"[186], ist dieser Grundsatz seit dem sehr häufig angewendet worden[187].

2.2 Anwendung auf Monopolsachverhalte

Der § 315 BGB wird in der Rechtsprechung auch dann angewendet, wenn Entgelte zwischen den Vertragsparteien weder ausgehandelt noch einverständlich festgelegt, sondern durch einen Monopolisten einseitig festgesetzt werden[188]. Dies gilt beispielsweise für die einseitige Bestimmung von Entgelten durch einen Flughafenunternehmer gemäß § 43 Abs. 1 LuftVZO bezüglich der Entgelte für die Inanspruchnahme von Diensten und Einrichtungen der Flugsicherung durch Luftfahrzeuge beim An- und Abflug sowie beim Abstellen von Flugzeugen auf Verkehrsflughäfen[189].

---

184 Vgl. BGHZ 41, 271, 275; Büdenbender, U. (2002), S. 56.

185 Vgl. BGHZ 41, 271, 276 f. Hierbei wurde bei einer Differenz zwischen Molkerei und Milcherzeuger über die Kaufpreishöhe der § 315 BGB zur Leistungsbestimmung analog angewendet. Zur entsprechenden Anwendung des § 315 BGB bezüglich eines Stromliefervertrags bereits RGZ 111, 310, 313; für den Fall unbilliger Bestimmungen allgemeiner Geschäftsbedingungen vgl. BGHZ 38, 183, 186.

186 Siehe dazu Punkt 2.

187 Vgl. BGH NJW 1983, 1777; BGH NJW-RR 1992, 183 ff.; OLG München NJW-RR 1999, 421 f.; OLG Oldenburg RdE 1998, 154 ff.

188 Vgl. Baur, J. F./Henk-Merten, K. (2003), S. 20.

189 Vgl. BGH NJW-RR 1997, 1019.

Es gilt ebenfalls für den Fall der einseitigen Preisfestsetzung für die einer Genossenschaft zu erbringende Leistung ihrer Genossen[190].

Des Weiteren hat die Rechtsprechung den allgemeinen Grundsatz entwickelt, dass Tarife von Unternehmen, die Leistungen der Daseinsvorsorge anbieten und auf deren Inanspruchnahme der Abnehmer im Bedarfsfall nicht verzichten kann (Monopolstellung des Anbieters), grundsätzlich der Billigkeitskontrolle nach § 315 Abs. 3 BGB unterworfen sind[191]. Dahinter steht die Überlegung, dass das Machtungleichgewicht zwischen den Vertragspartnern eine gerichtliche, den §§ 138, 826 BGB vorgelagerte Kontrolle erfordert[192].

II. Anwendung des § 315 BGB auf Gaslieferungsverträge

1. Übertragbarkeit der Rechtsprechung

Die von der Rechtsprechung, insbesondere im Bereich der Stromversorgung zu § 315 BGB entwickelten Grundsätze, fanden bereits regelmäßig auch auf Sachverhalte der Erdgasversorgung[193] Anwendung. Bei Strom als auch bei Erdgas handelt es sich um leitungsgebundene Energieversorgung, welche historisch zu den Leistungen der Daseinsvorsorge[194] zählt und im Bereich der Endverbraucherversorgung häufig einheitlich von kommunalen Versorgungsunternehmen wahrgenommen wird[195]. Das BVerfG äußert sich dazu in einem Beschluss im März 1984, wie folgt:

„Die Sicherstellung der Energieversorgung durch geeignete Maßnahmen, [...], ist eine öffentliche Aufgabe von größter Bedeutung. Die Energieversorgung gehört zum Bereich der Daseinsvor-

---

190 Vgl. BGH DB 1983, 2185.
191 Vgl. BGHZ 73, 114, 116; BGH NJW 1987, 1828 f.; BGHZ 115, 311 ff.; BGHZ 100, 1. Dazu jüngere Entscheidungen BGH NZM 2003, 551; BGHZ 154, 5.
192 Vgl. BGHZ 38, 186; dazu auch Held, J. (2004), S. 171 unter Bezug auf die Untersuchung von Braband, G. (2003), Strompreise zwischen Privatautonomie und staatlicher Kontrolle, S. 169 ff. und 190 f.; kritisch gegenüber diesem Gedanken Ehricke, U. (2005), S. 602; sowie Stappert, H. (2003), S. 3179.
193 Vgl. BGH NJW 1987, 1828, 1829; OLG Köln VersorgW 1995, 133; AG Heilbronn ZNER, 80; Anwendung auch im Bereich der Fernwärmeversorgung BGHZ 100, 1; LG Düsseldorf RdE 1991, 215.
194 Vgl. BVerfGE 66, 248, 258; auch BVerfG NJW 1990, 1783; Theobald, C./Nill-Theobald, C. (2001), S. 1 f.
195 Vgl. Held, J. (2004), S. 170.

sorge; sie ist eine Leistung, deren der Bürger zur Sicherung einer menschenwürdigen Existenz unumgänglich bedarf."

Eine Übertragung der im Bereich der Energieversorgung mit Strom ergangenen Rechtsprechung erscheint demnach in sachlicher und rechtlicher Hinsicht gerechtfertigt.

Im Hinblick auf die sachliche Beurteilung im Rahmen des § 315 BGB ist demnach wesentlich, dass bei den genannten Energiearten ein in wirtschaftlicher Hinsicht marktstarkes Unternehmen (Monopol) einem Energieabnehmer gegenübersteht, der auf die Belieferung durch das Versorgungsunternehmen grundsätzlich angewiesen ist[196].

Auch in rechtlicher Hinsicht unterliegen beide Energiearten weitgehend den gleichen oder vergleichbaren gesetzlichen Vorschriften. Beispielsweise gilt das EnWG sowohl für die Elektrizitäts- als auch für die Gasversorgung. Des Weiteren stimmen die Regelungen der AVBEltV und der AVBGasV größtenteils überein. Deshalb werden in der Literatur die Regelungen der AVBGasV oft nur mit einer pauschalen Verweisung auf die Parallelvorschriften der AVBEltV kommentiert[197]. Ein nicht zu vernachlässigender Unterschied besteht bezüglich der gesetzlichen Bestimmungen zu den allgemeinen Tarifen. Im Gegensatz zur Gaswirtschaft, für die im Rahmen der Neuregelung des Energiewirtschaftsrechts im April 1998 die BTOGas[198] aufgehoben wurde, besteht im Bereich der Elektrizitätswirtschaft die BTOElt (noch) weiter.

2. Allgemeine Tarife[199]

Wie bereits im Vorfeld angeführt, setzt die direkte Anwendung der gerichtlichen Billigkeitskontrolle gemäß § 315 Abs. 3 ein nach § 315 Abs. 1 BGB durch Gesetz oder Vertrag zugewiesenes einseitiges Leistungsbestimmungsrecht einer Vertragspartei voraus[200].

---

[196] Vgl. Held, J. (2004), S. 170.
[197] Vgl. Held, J. (2004), S. 170.
[198] BTOGas vom 10. Februar 1959 geändert durch Gesetz vom 2. Juli 1969 (BGBl. I S. 709) und vom 26. Juni 1970 (BGBl. I S. 981). Außer Kraft getreten durch Art. 5 II Nr. 4 EnWG vom 24. April 1998 (BGBl. I S. 730) mit Wirkung vom 29. April 1998.
[199] Man spricht in diesem Fall auch vom Gasmarkt für so genannte Haushalts- und Kleingewerbekunden (HuK).
[200] Vgl. Ehricke, U. (2005), S. 601.

Problematisch ist jedoch, dass es bei Energielieferverträgen typischer Weise an einem einseitigen Leistungsbestimmungsrecht fehlt, wenn die Preisbestimmung nach Vertragsschluss nicht einseitig durch das Energieversorgungsunternehmen vorgenommen wird, sondern der Preis bereits vor Vertragsschluss als Teil des Angebotes feststeht und mit Vertragsschluss vom Energieabnehmer angenommen wird[201]. Aus diesem Grund wurde eine unmittelbare Anwendung des § 315 BGB verneint[202]. Um diesem Dilemma zu entgehen hat, die Rechtssprechung den § 315 BGB zunächst analog auf die rechtliche Bewertung der bereits angesprochen Interimsverträge nach „Auslaufen" eines Stromlieferungsvertrages angewendet[203]. In diesen Fällen wurde der Energieversorgungsvertrag - häufig aufgrund von Uneinigkeiten bezüglich des Preises - beendet[204]. Nach Beendigung des Energieversorgungsvertrages war jedoch, aufgrund der tatsächlichen Energieentnahme aus dem Versorgungsnetz des Energieversorgungsunternehmens durch den Energieverbraucher, ein neuer „Sonderabnahme"- bzw. Versorgungsvertrag gemäß § 2 Abs. 2 AVB zu Stande gekommen[205].

§ 2 Vertragsabschluß - AVBGasV

(2) Kommt der Versorgungsvertrag dadurch zustande, daß Gas aus dem Verteilungsnetz des Gasversorgungsunternehmens entnommen wird, [...].

Da in einem solchen Fall trotz des Scheiterns der „Preisverhandlung" die Lieferung und Abnahme der Energie weiterhin erfolgt, ist regelmäßig davon auszugehen, dass das Versorgungsunternehmen in entsprechender Anwendung der §§ 315, 316 BGB berechtigt ist, nach billigem Ermessen die Höhe des Preises einseitig zu bestimmen[206]. Dies ist interessengerecht, da dem Preisbestimmungsrecht des Versorgungsunternehmens „paritätisch" das Recht des Abnehmers auf gesetzliche   Billigkeitskontrolle gegenübergestellt wird. Diesen Grundsatz hat die Rechtsprechung in der Folge auch auf außerhalb der laufenden Entgeltzahlungen stehende Preis-

---

[201] Vgl. BGH NJW 1983, 1777; LG Rostock RdE 2004, 175, 176.

[202] Vgl. Held, J. (2004), S. 170.

[203] Vgl. Fn. 189; Ehricke, U. (2005), S. 601.

[204] Vgl. Held, J. (2004), S. 170.

[205] Vgl. Baur, J. F./Henk-Merten, K. (2003), S. 20 f.; Held, J. (2004), S. 170; Ehricke, U. (2005), S. 601.

[206] Vgl. Baur, J. F./Henk-Merten, K. (2003), S. 21; Held, J. (2004), S. 170.

festsetzungen für Baukosten und Hausanschlüsse im laufenden Gasversorgungsvertrag angewendet, so dass auch ausdrücklich vereinbarte Tarife der Billigkeitskontrolle des § 315 Abs. 3 BGB unterworfen werden[207].

In der Literatur[208] wird zum Teil die Ansicht vertreten, dass der § 315 BGB einen Eingriff in die Privatautonomie darstelle und infolgedessen seine Rechtfertigung nur bei Vorliegen von (wirtschaftlichen) Ungleichgewichtslagen erfahre. Er sei daher nur „ultima ratio". Des Weiteren besteht die Auffassung, dass es des Schutzes durch den § 315 BGB nicht (mehr) bedürfe, wenn der eine Vertragsteil die Möglichkeit habe durch die Wahl einer anderen Alternative die Marktmacht des Bestimmenden einzugrenzen[209]. Demzufolge müsse eine analoge Anwendung des § 315 BGB insbesondere dann ausscheiden, wenn der Gasversorger keine Monopolstellung mehr innehabe[210]. Aufgrund der rechtlichen Liberalisierung der Energiemärkte im Jahre 1998 sei deshalb sorgfältig zu prüfen, ob eine uneingeschränkte Übernahme der früheren Rechtsprechung zur Preisfestsetzung im Rahmen der Strom- und Gasversorgung möglich ist[211]. Seither besteht für Kunden im Bereich der Stromversorgung die rechtliche aber auch faktische Möglichkeit auf andere Energieversorger auszuweichen[212].

Wie in den vorhergehenden Kapiteln dargelegt, fehlt es trotz der rechtlichen Öffnung der Gasmärkte im Jahre 2003, insbesondere im Segment der HuK-Kunden, immer noch an einer faktischen Gasmarktöffnung. Eine Wettbewerbssituation besteht auf dieser Marktstufe somit nicht[213]. Diese Auffassung findet sich ebenso in der Politik[214] als auch in der Rechtsprechung[215] wieder.

---

[207] Vgl. Held, J. (2004), S. 170 f.; Salje, P. (2005), S. 280; OLG Köln VersorgW 1995,133 f.; LG Hannover NJW-RR 1992, 1198.

[208] Vgl. Salje, P. (2005), S. 279 f.; Ehricke, U. (2005), S. 602; Stappert, H. (2003), S. 3177.

[209] Vgl. Ehricke, U. (2005), S. 602; Stappert, H. (2003), S. 3177.

[210] Vgl. LG Rostock RdE 2004, 175, 177.

[211] Vgl. Salje, P. (2005), S. 280.

[212] Vgl. Salje, P. (2005), S. 280; siehe auch Stappert, H. (2003), S. 3179 zur Eröffnung von Bezugsalternativen durch die Liberalisierung auf dem Strommarkt.

[213] Vgl. Salje, P. (2005), S. 280; Held, J. (2004), S. 171.

[214] Vgl. BMWA (2003), S. 43; Bundeskartellamt (2003), Tätigkeitsbericht 2001/2001, S. 163.

Der obigen Argumentation wird häufig entgegenhalten, dass sie den Rechtscharakter des § 315 BGB verkenne. Der Wegfall einer schuldrechtlichen Kontrolle könne nicht mit einer wettbewerbsrechtlichen Argumentation begründet werden[216]. Der BGH bestätigt in einem Urteil von 1992 ebenfalls, dass der § 315 BGB die einer Partei übertragene Rechtsmacht, den Inhalt des Vertrages (Preis) einseitig festzusetzen, eingrenzen soll[217]. Damit sei der § 315 BGB als ein Mittel zum Schutz der Vertragsparität anzusehen und solle nicht die Nachteile fehlenden Wettbewerbs aus-gleichen[218]. Die Rechtsgüter des funktionierenden Wettbewerbs werden allein durch die kartellrechtlichen Vorschriften, insbesondere diejenigen des GWB, sichergestellt. Auf diese kann sich aber der Tarifabnehmer, soweit er Verbraucher im Sinne von § 13 BGB ist, grundsätzlich nicht berufen[219].

Selbst wenn der § 315 BGB als eine die Vertragsparität schützende Norm angesehen wird, bedeutet dies nicht, dass dieser Schutz uneingeschränkt gewährt wird[220]. Eine Rechtfertigung der analogen Anwendung des § 315 besteht nur in solchen Fallgestaltungen, die im Wesentlichen mit der planmäßig geregelten Lage übereinstimmen[221]. *„Dies ist aber eben nur dann der Fall, wenn ein Kunde mit einem Kontrahenten einen Vertrag schließt, von dem er abhängig ist und hinsichtlich dessen er keinerlei Verhandlungsmacht hat, weil ihm jede Handlungsalternative fehlt*[222]*."* Somit besteht für die - stets in die Privatautonomie eingreifende - schützende Funktion des § 315 Abs. 3 BGB dort keine Rechtfertigung mehr, wo die Gegenseite durch die Wahl von Handlungsalternativen die Möglichkeit hat, auf den Leistungsbestimmenden soviel marktlichen Druck auszuüben, dass dieser nur

---

215 Vgl. OLG Düsseldorf RdE 2002, 44.
216 Vgl. Held, J. (2004), S. 171; Rieble hingegen ist der Auffassung, dass die Marktmacht von Monopolisten (und Oligopolisten) vielmehr ausschließlich nach den §§ 19, 20 GWB kontrolliert werde, vgl. Staudinger-Rieble (2001), § 315 Rz. 48.
217 Vgl. BGH NJW-RR 1992, 185; BGHZ 154, 5 f.; AG Heilbronn ZNER 2005, 80 f.
218 Vgl. Held, J. (2004), S. 171.
219 Vgl. Held, J. (2004), S. 171; Held, J. (2003), S. 296.
220 Vgl. Ehricke, U. (2005), S. 602.
221 Vgl. Ehricke, U. (2005), S. 602.
222 Ehricke, U. (2005), S. 602.

Preise festlegt, die der Wettbewerb hergibt und demnach als „billig"
anzusehen sind[223]. Insofern kann trotz einer faktischen Monopolstellung eines Gasversorgers gegenüber den Kunden eine Wettbewerbssituation bestehen, wenn Tarifkunden ihre Energieversorgung
mit Gas durch andere Energieträger substituieren können[224].

Wie bereits in Kapitel vier angeführt, können in einem direkten
(Substitutions-) Wettbewerb grundsätzlich nur diejenigen Produkte
stehen, bei denen die Abnehmer ohne technisch-ökonomischen
Aufwand von einem Angebot auf das andere wechseln können[225].
Ein Beispiel für einen bestehenden direkten Wettbewerb zwischen
Erdgas und einem konkurrierenden Energieträger sind Abnehmer
mit multivalenten[226] Anlagen, die zumindest im Bereich des HuK-
Sektors, eher selten zu finden sind[227]. Grundsätzlich ist auf dem
HuK-Wärmemarkt eine Substituierbarkeit von Erdgas durch Konkurrenzenergieträger zu bejahen, da in diesem Segment der Wärmebedarf von Haushalts- und Kleingewerbekunden nicht nur durch
Erdgas gedeckt wird. Konkurrenzenergien sind z. B. Strom, Fern-
wärme, Flüssiggas und insbesondere das leichte Heizöl[228]. Es besteht jedoch Uneinigkeit darüber, ob die durch die Substituierbarkeit der Energieträger existierende Verhaltenskontrolle
durch Wettbewerb so intensiv ist, dass der im kartellrechtlichen
Sinne sachlich relevanten Markt als einheitlichen „Wärmemarkt"
definieren werden kann, da die Kosten und Schwierigkeiten der
Umstellung auf einen anderen, zum Erdgas in Konkurrenz stehenden Energieträger, nicht unerheblich sind[229]. Hat sich ein Kunde erst
einmal für die Versorgung mit Gas entschieden, lässt sich der ge-
wählte Energieträger nicht ohne weiteres austauschen, da jeder E-
nergieträger ein anderes Heizsystem erfordert und der Kunde aufgrund der spezifischen Investition für die Lebensdauer seines Sys-
tems (ca. 15-20 Jahre) gebunden ist. Die Umstellung auf einen anderen Energieträger wäre demzufolge mit erheblichen Kosten verbun-

---

[223] Vgl. Ehricke, U. (2005), S. 602.
[224] Vgl. Ehricke, U. (2005), S. 604.
[225] Vgl. Däuper, O. (2003), S. 149.
[226] Multivalente Anlagen sind Anlagen, die nach einer Umstellungsphase von
mehreren Stunden, auch mit anderen Energieträgern als mit Gas betrieben
werden können.
[227] Vgl. Piltz, H. (1999), S. 119; Däuper, O. (2003), S. 149.
[228] Vgl. Däuper, O. (2003), S. 151.
[229] Vgl. Ehricke, U. (2005), S. 605; Däuper, O. (2003), S. 151.

den[230]. Somit ist es nicht gerechtfertigt von einem im kartellrechtlichen Sinne einheitlichen Wärmemarkt auszugehen[231].

Diesem Ergebnis wird häufig entgegengehalten, dass bei der Erstwahl eines Energieträgers oder bei der Umstellung der Energieversorgung ein intensiver Wettbewerb zwischen den Konkurrenzenergieträgern bestehe[232]. „Da der Gaspreis für den angeschlossenen Kunden der gleiche ist wie für den Neukunden oder den Erneuerer, wirkt sich der beim Neukunden oder Erneuerer stattfindende Wettbewerb zwischen Heizöl und Erdgas preislich uneingeschränkt auch zu Gunsten des angeschlossenen Gaskunden aus[233]." Kunth und Tüngler (2005, 1315) sehen darin eine deutliche Abweichung eines im Monopolfall nach klassischen Vorstellungen vorliegenden einseitigen Leistungsbestimmungsrechts. Zwar könne der bereits angeschlossene Tarifkunde nicht zu einem anderen Gasanbieter wechseln, allerdings bestehe ein sich zu seinen Gunsten auswirkender „als-ob-Wettbewerb", in dem sich der Gaspreis jederzeit an dem Preis anderer Konkurrenzenergieträger orientiere[234].

Dieser Argumentation muss jedoch dahingehend widersprochen werden, dass es sich bei dem Wettbewerb um Neu- und Umstellkunden und dem Wettbewerb zwischen den Konkurrenzenergieträgern um zwei sachlich verschiedene Märkte handelt. Auf dem erstgenannten Markt werden zwischen Bauträgern (z. B. Wohnungsbaugesellschaften, Hauseigentümern) und Energieversorgungsunternehmen Vereinbarungen über den Anschluss beziehungsweise die Installation der Energieversorgung getroffen[235]. Davon zu unterscheiden sind die jeweils eigenständigen Märkte über die Versorgung von HuK-Kunden mit Energie, die für den Einsatz in der jeweilig installierten Anlage bestimmt ist[236]. Als Mieter einer

---

230 Vgl. Däuper, O. (2003), S. 152 f.
231 Vgl. Däuper, O. (2003), S. 151; Piltz, H. (1999), S. 118 f.
232 Vgl. Kunth, B./Tüngler, S. (2005), S. 1314 f.; Ehricke, U. (2005), S. 605.
233 Kunth, B./Tüngler, S. (2005), S. 1314 f.; Ehricke, U. (2005), S. 605.
234 Vgl. Kunth, B./Tüngler, S. (2005), S. 1315; Ehricke, U. (2005), S. 605; Rieble lehnt die Anwendbarkeit des § 315 BGB kategorisch ab. Er vertritt ebenfalls die Auffassung, dass der Monopolist kein einseitiges Leistungsbestimmungsrecht ausübe. Der § 315 BGB sei somit grundsätzlich nicht zur Kontrolle der Vertragsbedingungen von Monopolisten anwendbar, vgl. dazu Staudinger-Rieble (2001), § 315 BGB Rz. 48.
235 Vgl. Piltz, H. (1999), S. 118.
236 Vgl. Piltz, H. (1999), S. 118.

Wohnung die mit Erdgas beheizt wird, können die Verbraucher ihren Wärmebedarf, aufgrund der bereits durch den Bauträger installierten Heizanlage, durch keinen anderen Energieträger decken. Für den Vermieter kommt es in diesem Zusammenhang nicht darauf an, dass das Erdgas mit den anderen Energieträgern in Konkurrenz steht, da der Mieter die Brennstoffkosten zu tragen hat. Bei der Entscheidung über die zu installierende Heizanlage spielt vielmehr der „Gesamtpaketpreis" (Installations- und Materialkosten) die dominierende Rolle[237]. Die Gasversorger tragen den Marktgegebenheiten dadurch Rechnung indem sie bei der Gewinnung von Neu- bzw. Umstellkunden nicht bei einem Wettbewerb über Energiepreise ansetzen, sondern das sie Bauträger bei der Umstellung z. B. gezielt mit Zuschüssen bzw. mit Finanzierungsmodellen für die Anschluss- und Installationskosten umwerben[238]. Der Gasversorger erlangt somit nach erfolgtem Anschluss an das Gasversorgungsnetz eine rechtlich und faktisch abgesicherte marktbeherrschende Stellung gegenüber dem neuen Gaskunden der real keine Möglichkeit hat, seinen Wärmebedarf anders als mit Hilfe der eingebauten Gasheizung zu decken[239]. Allerdings könnte in dem Sonderfall, in dem ein Haus nach Fertigstellung auch durch den Bauherrn selbst bewohnt wird, der Energiepreis eventuell doch als ein Wettbewerbsparameter anzusehen sein. Es bestehen jedoch auch dann berechtigte Zweifel an einem wirksamen Wettbewerb. Einerseits fallen voraussichtlich die Investitionskosten bei der Entscheidung für eine Heizungsanlage stärker ins Gewicht als die Energiekosten. Andererseits werden in der Gaswirtschaft die Neu- und Umstellkosten durch die oben bereits genanten Maßnahmen umworben und betreffen demnach das Preisgefüge im HuK-Sektor nur bedingt. Aufgrund dessen kann sich der Gasanschluss für den Neukunden trotz hoher Gaspreise lohnen, wohingegen der Altkunde weiterhin zu den vorherigen „Wettbewerbspreisen" beliefert wird[240].

Als Zwischenergebnis lässt sich an dieser Stelle festhalten, dass unabhängig von der bisherigen rechtlichen Öffnung der Gasmärkte, Gasversorgungsunternehmen immer noch über eine Monopolstellung verfügen. Dies trifft auch dann zu, wenn Tarifkunden mittel-

---

[237] Vgl. Piltz, H. (1999), S. 119; Däuper, O. (2003), S. 152.
[238] Vgl. Piltz, H. (1999), S. 119 f.
[239] Vgl. Piltz, H. (1999), S. 119.
[240] Vgl. Piltz, H. (1999), S. 120.

fristig auf eine andere Versorgungsart (z. B. leichtes Heizöl) übergehen könnten[241]. Somit liegt zumindest im Bereich der Gasversorgung regelmäßig eine die analoge Anwendung des § 315 BGB rechtfertigende Störung der Vertragsparität vor[242]. Solange diese Monopolsituation besteht, spricht alles dafür, den § 315 BGB weiterhin anzuwenden.

3. Sondervertragskunden

Wie bereits zu Beginn dieses Kapitels dargelegt, setzt die gerichtliche Billigkeitskontrolle gemäß § 315 Abs. 3 voraus, dass die Bestimmung der Leistung von einem Vertragsteil einseitig festgesetzt wird. Außerdem ist in ständiger Rechtsprechung anerkannt, dass Entgelte von Anbietern mit Monopolstellung, die Leistungen der Daseinsvorsorge anbieten und auf die der Endkunde im Bedarfsfall zwingend angewiesen ist, grundsätzlich einer zivilrechtlichen Billigkeitskontrolle nach § 315 Abs. 3 BGB unterworfen sind[243]. Folglich dient die entsprechende Anwendung des § 315 BGB dem Schutz der Vertragsparität[244] bzw. dem Ausgleich des relativ marktschwächeren Vertragspartners für seine fehlende Ausweichmöglichkeit auf andere Anbieter[245].

Im Vergleich zu den im obigen Abschnitt behandelten Tarifkunden, gestaltete sich die analoge Anwendung des § 315 BGB auf die Beziehungen zwischen Gasversorgern und Sondervertragskunden allerdings etwas schwieriger. In diesen Fallgestaltungen wird, im Gegensatz zu den Tarifkunden, der Preis zwischen dem Gasversorger und dem Sondervertragskunden individuell ausgehandelt. Die Ausübung eines einseitigen Leistungsbestimmungsrechts, so Kunth und Tüngler (2005, 1314), liege somit zunächst nicht vor und schließe demnach eine Billigkeitskontrolle gemäß § 315 Abs. 3 aus[246]. In einem Urteil des OLG München aus dem Jahre 2003 wird diese Ansicht bestätigt[247]:

[241] Vgl. Salje, P. (2005), S. 280.
[242] Vgl. Held, J. (2004), S. 171.
[243] Vgl. Fn. 193; sowie Palandt-Heinrichs (2003), § 315 Rz. 4.
[244] Vgl. BGH NJW-RR 1992 183, 185; Held, J. (2004), S. 171.
[245] Vgl. Ehricke, U. (2005), S. 604.
[246] Vgl. Kunth, B./Tüngler, S. (2005), S. 1314.
[247] OLG München RdE 2004, 52, 54, mit Verweis auf BGH WM 1990, 1715, 1717.

„Die von den Parteien getroffene, von den genehmigten Tarifen abweichende Preisvereinbarung im Rahmen eines [...] Sonderabnehmervertrags schließt es [...] aus, nachträglich die Billigkeit des Preises nach § 315 Abs. 3 BGB zu überprüfen. Die Billigkeitskontrolle nach dieser Bestimmung setzt grundsätzlich voraus, dass Preise einseitig festgesetzt worden sind."

Uneinigkeit besteht bei der Auslegung des Begriffs „Aushandeln von Preisen". Einerseits wird die Auffassung vertreten, dass sich Sondervertragskunden, die potenziell in der Lage sind mit dem Versorger individuelle Preiskonditionen auszuhandeln, auch dann nicht auf die Anwendung des § 315 Abs. 3 BGB berufen können, wenn sie tatsächlich nicht verhandelt haben[248]. Das OLG Brandenburg sowie das OLG Köln fordern hingegen ein tatsächliches Aushandeln von Preisen[249]. In dem Urteil des OLG Brandenburg heißt es:

„Es ist nichts dafür ersichtlich, dass die eingesetzten Preise ausgehandelt worden sind; vielmehr enthält die genannte „Regelung" [...] lediglich die Bestimmung, dass die Klägerin sich die Vereinbarung anderer Preise vorbehält. Demgemäß stellt sich die Übernahme der tariflichen Preise nicht als Individualvereinbarung dar, die einer Billigkeitskontrolle gegebenenfalls entgegenstehen könnte."

An dieser Stelle muss darauf hingewiesen werden, dass in der Praxis der Versorgungswirtschaft regelmäßig „Sondertarife" für große Kundengruppen angeboten werden. In derartigen „Sonderverträgen" werden die Entgelte lediglich nach pauschalen Abnahmekriterien bestimmt und allgemein veröffentlicht. Solche Preise stellen demnach keine individuell verhandelbare Komponente dar[250]. Andererseits müsste gegebenenfalls eine Überprüfung nach § 315 Abs. 3 BGB ausscheiden, wenn der Gasversorger den Kunden bei Neuabschluss eines Vertrages ausdrücklich auf die Preise hingewiesen hat und diese vom Kunden vorbehaltlos akzeptiert worden sind. Der Energieabnehmer verhielte sich im Sinne von § 242

---

[248] Vgl. OLG München RdE 2004, 52, 54; so auch LG Potsdam RdE 2004, 307, 308 zum Ausschluss des § 315 BGB bei Netzentgelten durch Einigung auf in den Vertrag einbezogene Preisblätter.

[249] OLG Brandenburg GWF/Recht und Steuern 2001, 47, 48; so auch im Ergebnis OLG Köln VersorgW 1995, 133 f.

[250] Vgl. Held, J. (2004), S. 172.

BGB widersprüchlich, wenn er im Anschluss an sein Einverständnis eine Überprüfung nach § 315 BGB fordere[251].

Laut dem OLG München[252] stehen die bisherigen Ausführungen nicht im Widerspruch zur Rechtsprechung des Bundesgerichtshofs[253]; soweit dieser eine Billigkeitskontrolle nach § 315 Abs. 3 BGB bei Sonderabnehmerverträgen vorgenommen hat. In diesen anders gelagerten Fällen, war zwar jeweils ein Sonderabnehmervertrag zustande gekommen, indes aber gerade keine Einigung über den Preis erzielt worden. Dieser Preis wurde vielmehr einseitig vom Energieversorgungsunternehmen festgesetzt, welches zudem gegenüber dem Sonderabnehmer eine Monopolstellung innehatte (s. u.).

Folgt man der bereits im vorherigen Abschnitt dargestellten Argumentation, müsste die analoge Anwendbarkeit des § 315 Abs. 3 BGB insbesondere dort ausscheiden, wo der Abnehmer, aufgrund der Möglichkeiten des Marktes, genug wählbare Alter-nativen hat und somit von dem einen Kontrahenten nicht abhängig ist[254]. So bestätigt beispielsweise das OLG Brandenburg in einem im Januar 2001 ergangenen Urteil, dass die Klägerin (ein Gasversorgungsunternehmen) im Bereich der Gasversorgung ein Monopol innehabe. Das Gericht verneint die analoge Anwendbarkeit des § 315 Abs. 3 BGB mit der Begründung, dass dem Gasversorgungsunternehmen gegenüber der Beklagten (eine Sonderabnehmerin), aufgrund der Handlungsalternative des Sondervertragskunden auf einen anderen Energieträger auszuweichen, keine Monopolstellung zukomme[255]:

„Im Bereich der Gasversorgung mag die Klägerin zwar ein Monopol haben, für die Energieversorgung der Beklagten insgesamt gilt dies aber nicht. Der Beklagten stand nämlich die Möglichkeit offen, die benötigte E-nergie über die Verbrennung schweren Heizöls zu erlangen, so dass sie auf eine Energieversorgung durch die Klägerin nicht angewiesen war."

251 Vgl. Salje, P. (2005), S. 280.
252 OLG München RdE 2004, 52, 54.
253 Vgl. BGH WM 1971, 1456, 1457; BGH NJW 1983, 1777; BGH NJW-RR 1992, 183, 186.
254 Vgl. Ehricke, U. (2005), S. 602.
255 OLG Brandenburg GWF/Recht und Steuern 2001, 17, 20; vgl. dazu auch LG Frankenthal GWF/Recht und Steuern 2005, 1 f.

An dieser Stelle kann festgestellt werden, dass in der aktuellen Rechtsprechung und Literatur ein Konsens dahingehend besteht, die Billigkeitskontrolle nach § 315 Abs. 3 BGB grundsätzlich nur dann auszuschließen, wenn die Entgelte zwischen Gasversorgungsunternehmen und Sonderabnehmern faktisch ausgehandelt wurden oder das Gasversorgungsunternehmen in Bezug auf den Sondervertragskunden keine Monopolstellung innehat und der Kunde deshalb auf die Belieferung durch genau diesen Energieversorger nicht angewiesen ist[256].

4. Preisänderungsklauseln

Im Bereich der Energieversorgung liegen in der Regel auf Dauer angelegte Lieferverträge vor, die typischerweise als Dauerschuldverhältnisse ausgestaltet sind. Aufgrund der längerfristigen vertraglichen Bindung der im Leistungsaustausch stehenden Parteien ist es sinnvoll der Versorgerseite, um den potenziellen ökonomischen und politischen Veränderungen Rechnung tragen zu können, eine einseitige Änderungsmöglichkeit der Preise einzuräumen[257].

Bei diesen Preisänderungsmöglichkeiten muss zwischen automatisch beziehungsweise selbst vollziehenden Klauseln (bindende Entscheidungen) und Ermessensklauseln (Kann-Bestimmungen) unterschieden werden, wobei in der folgenden Betrachtung auf die erstgenannten[258], aufgrund ihrer lediglich deklaratorische Bedeutung, nicht näher eingegangen werden soll. An dieser Stelle sei aber darauf hingewiesen, dass eine Preiserhöhung aufgrund dieser bindenden Klauseln keiner gerichtlichen Kontrolle nach § 315 Abs. 3 unterliegt, da durch die Drittbestimmtheit der Höhe keine einseitige Leistungsbestimmung vorliegt und das Energieversorgungsunternehmen somit die Preisbestimmung nach von „billigem Ermessen" unabhängigen objektiven Kriterien zwingend vorzunehmen hat[259].

---

[256] Vgl. BGH WM 1990 1715, 1717; OLG Köln VersorgW 1995, 133 f.; OLG Karlsruhe RdE 2005, 51 f.; LG Kiel ZNER 2004, 401, 402; OLG Brandenburg GWF/Recht und Steuern 2001, 47, 48.

[257] Vgl. Schöne, T./Rossel, M. (2005), S. 192.

[258] Ausführlicher zu Preisänderungsklauseln Schöne, T./Rossel, M. (2005), S. 194 ff.

[259] Vgl. BGH NJW 2004, 1598 ff.; bspw. Steuer- und Abgabeklausel (z. B. USt), sowie Sonderbelastungen (z. B. Kraft-Wärme-Kopplung-Gesetz-Klausel).

Die Ermessensklauseln haben hingegen das Ziel, den „Preis an sich" einer Änderung zu unterwerfen. Hierzu gehören z. B. auch die „Spannungsklauseln" gemäß § 1 Nr. 2 PrKV[260], die im Bereich der Gaspreisbildung den Heizölpreis als Bezugsgröße heranziehen. Im Rahmen dieser Klauseln liegt ein echtes Leistungsbestimmungsrecht des Energieversorgungsunternehmens vor, dass gemäß § 315 Abs. 3 BGB grundsätzlich dem gerichtlich überprüfbaren billigen Ermessen des Ausübenden unterliegt[261]. Teilweise wird in der Literatur die Ansicht vertreten, dass in diesen Fällen eine Billigkeitskontrolle scheitern müsse, da die Preisänderung auf einem vertraglich vereinbarten Preismechanismus beruhe und nicht auf einer einseitigen Leistungsbestimmung des Versorgungsunternehmens[262]. Des Weiteren bestehe, sofern ein Sonderlösungsrecht vereinbart oder auf gesetzlicher Grundlage[263] vorliegt, kein Bedarf für eine weitere „Kompensation" durch die richterliche Kontrollmöglichkeit[264]. Bezogen auf diese Aussage stellt sich die Frage, inwiefern die richterliche Billigkeitskontrolle ein zusätzliches Kompensationsmoment darstellt, wenn der Energieabnehmer aufgrund der fehlenden Ausweichmöglichkeit auf andere Energieversorgungsunternehmen gezwungen ist, seinen Energiebedarf auch weiterhin von dem bisherigen Versorger zu beziehen. Ungeachtet eines bestehenden Sonderkündigungsrechts lässt sich ergänzend anführen, dass Preisanpassungsklauseln, wie z. B. die oben angeführte Ölpreisbindung, typischer weise nicht ausgehandelt werden und eine direkte Anwendbarkeit des § 315 Abs. 3 BGB - insbesondere auf die letzte Preiserhöhung - zu Gunsten von HuK-Kunden grundsätzlich eröffnet ist[265].

---

[260] Preisklauselverordnung vom 23. September 1998, BGBl. I Nr. 66, S. 3043, m. W. v. 1. Januar 1999.

[261] Vgl. Schöne, T./Rossel, M. (2005), S. 192.

[262] Vgl. Kunth, B./Tüngler, S. (2005), S. 1314.

[263] Ein Sonderkündigungsrecht besteht, wenn der Versorger seine allgemeinen Tarife oder Bedingungen ändert (AVBGasV § 32 Abs. 2).

[264] Vgl. Schöne, T./Rossel, M. (2005), S. 193.

[265] Vgl. LG Potsdam RdE 2004, 307 f.

C. Maßstab des „billigen Ermessens"

I. Allgemeine Grundsätze

1. Billigkeit

Nach § 315 Abs. 1 BGB ist im Zweifel anzunehmen, dass die Bestimmung der Leistung nach dem Maßstab des „billigen Ermessens" erfolgen soll[266]. Bei dem Begriff des billigen Ermessens handelt es sich um einen unbestimmten Rechtsbegriff der einer rechtstheoretischen Konkretisierung bedarf[267]. Mit Hilfe der Billigkeitskontrolle nach § 315 Abs. 3 soll der Missbrauch privatautonomer Gestaltungsmacht verhindert und dadurch eine Austauschgerechtigkeit im Einzelfall erreicht werden[268]. Ob die von einem Vertragspartner getroffene Bestimmung der vertraglichen Leistung der Billigkeit entspricht, ist nach einer Analyse und Abwägung der objektiven wirtschaftlichen Interessenlage beider Vertragsparteien unter Berücksichtigung aller tatsächlichen Umstände zu ermitteln[269]. Dazu zählen insbesondere Gesichtspunkte der kartell- und energierechtlichen Preiskontrolle[270]. Deshalb bedeutet Billigkeit nach herrschender Meinung konkrete Einzelfallgerechtigkeit[271].

Das OLG Celle weist jedoch in einem Urteil darauf hin, dass Tarife von Energieversorgungsunternehmen - anders als Individualverträge - nicht auf den Einzelkunden zugeschnitten sind, sondern Massengeschäfte regeln sollen[272]. In der Literatur wird unter Berufung auf dieses Urteil teilweise die Auffassung vertreten, dass im Massenverkehr der Schwerpunkt der Billigkeit im Bereich der Gleichbehandlung zu sehen sei[273]. Dabei wird jedoch die eigentliche

---

[266] Vgl. MüKo-Gottwald (2003), § 315 Rz. 28; Baur, J. F. / Henk-Merten, K. (2003), S. 27; Held, J. (2004), S. 173.

[267] Vgl. MüKo-Gottwald (2003), § 315 Rz. 30.

[268] Vgl. MüKo-Gottwald (2003), § 315 Rz. 30; Held, J. (2004), S. 173.

[269] Vgl. MüKo-Gottwald (2003), § 315 Rz. 30 mit weiteren Nachweisen zu den Kriterien billigen Ermessens bei v. Hoyningen-Huene S. 119 ff. und BGH NJW 1961, 1252; BGH NJW 1969, 1809; Staudinger-Rieble (2001), § 315 BGB Rz. 114 ff.

[270] Vgl. Held, J. (2004), S. 173.

[271] Vgl. BGHZ 41, 271, 279; MüKo-Gottwald (2003), § 315 BGB Rz. 30; Staudinger-Rieble (2001), § 315 BGB Rz. 113.

[272] Vgl. OLG Celle NJW-RR 1993, 630, 631.

[273] Vgl. Soergel-Wolf (1990), § 315 BGB Rz. 40.

Aussage des OLG Celle dahingehend fehl interpretiert, dass das Gericht mit der Berufung auf die Erfordernisse des Massenverkehrs lediglich rechtfertigen will, dass im Rahmen einer Tarifgestaltung nicht jedes individuelle Interesse eines Abnehmers einer bestimmten Abnehmergruppe berücksichtigt werden kann. Den Vergleich mit den Tarifen anderer Versorger lehnt das Gericht unter Berufung auf den Grundsatz der Kostendeckung gerade ab[274]. Diese Aussage steht einem früheren Urteil des BGH nicht entgegen, welches eine einseitig Preisbestimmung unter Umständen als billig im Sinne von § 315 BGB ansieht, wenn[275]:

„ [...] das verlangte Entgelt im Rahmen des Marktüblichen liegt und dem entspricht, was regelmäßig als Preis für eine vergleichbare Leistung verlangt wird."

Aus dieser Aussage kann lediglich hergeleitet werden, dass ein einseitig bestimmter Preis unbillig ist, wenn er nicht mehr im Rahmen des marktüblichen liegt und nicht mehr dem entspricht was für eine vergleichbare Leistung verlangt wird[276].

2. Ermessen

Das Ermessen ist eine rechtsfolgenorientierte Auswahlmöglichkeit[277]. Ist die Bestimmung der Leistung, wie das § 315 Abs. 1 für den Regelfall vorsieht, im Zweifel nach billigem Ermessen zu treffen, so steht nach herrschender Meinung und Rechtsprechung des BGH, dem Bestimmungsberechtigten gemäß § 315 Abs. 3 BGB ein Ermessensspielraum zur Verfügung innerhalb dessen ihm mehrere Entscheidungsmöglichkeiten zur Verfügung stehen[278]. Auch nach Ansicht des LG Aachen ist das „billige Ermessen" nach § 315 BGB Abs. 1 nicht mit der „Billigkeit" im Sinne des Abs. 3 kurzerhand gleichzusetzen, so dass für den Bestimmungsberechtigten nicht nur eine Entscheidung bei der Preisbestimmung richtig sein könnte[279]:

---

[274] Vgl. Held, J. (2004), S. 174; OLG Celle NJW-RR 1993, 630, 631.
[275] BGH NJW-RR 1992, 184.
[276] Vgl. OLG Hamm WM 1985, 159.
[277] Vgl. Baur, J. F./Henk-Merten, K. (2003), S. 27.
[278] Vgl. MüKo-Gottwald (2003), § 315 BGB Rz. 28; Soergel-Wolf (1990), § 315 BGB Rz. 39; Staudinger-Rieble (2001), § 315 BGB Rz. 109; BGH NJW-RR 1991, 1248, 1249.
[279] LG Aachen NJW-RR 1992, 275.

„Das Bestimmungsrecht läßt begriffsnotwendig nicht nur eine einzige mögliche Entscheidung zu, sondern gewährt die Wahl unter den Möglichkeiten eines bis an die Grenzen der Billigkeit reichenden Ermessensspielraums. Das Ermessen eröffnet also grundsätzlich die Wahlfreiheit zwischen mehreren Größen innerhalb des Ermessensrahmens. Hält die Parteibestimmung sich im Rahmen billigen Ermessens und weist sie keine Ermessensfehler auf, so ist sie gem. § 315 III 1 BGB verbindlich."

Entspricht die einseitige Bestimmung der Leistung nicht der Billigkeit wird sie gemäß § 315 Abs. 3 durch Urteil getroffen. In einem Urteil des BGH heißt es dazu[280]:

„[...] die Bestimmung ist erst dann durch das Gericht zu ersetzen, wenn die durch § 315 Abs. 3 BGB mit dem dortigen Hinweis auf die Billigkeit gezogenen Grenzen überschritten sind, nicht dagegen schon, wenn das Gericht eine andere Festsetzung für richtig hält."

3. Gerichtliche Prüfungs- und Entscheidungskompetenz

Das Gericht hat im Falle des § 315 Abs. 3 BGB zu prüfen, ob die Leistungsbestimmung der bestimmungsberechtigten Vertragspartei der Billigkeit entspricht. Falls es zu der Überzeugung gelangt, dass die Ermessensgrenze der Billigkeit überschritten ist, hat es die Leistungsbestimmung selbst vorzunehmen[281]. Das Gericht darf dabei nicht seinen eigenen Billigkeitsmaßstab anlegen und die Bestimmung nicht bereits dann ersetzen, wenn es eine andere Bestimmung für richtig hält[282]. Es hat bei seiner Rechtsgestaltung lediglich den durch den Vertrag vorgegebenen Rahmen auszufüllen und muss sich an dem vereinbarten Maßstab der Vertragsparteien orientieren[283]. „Es hat dabei alle tatsächlichen Umstände zu beachten und die Abwägungen vorzunehmen, wie sie für das „billige Ermessen" nach Abs. 1 maßgeblich sind[284]." Die Billigkeitskontrolle verfolgt nicht das Ziel einen „gerechten Preis" von Amts wegen zu ermitteln, sondern prüft ob die getroffene Bestimmung der bestimmungsbe-

---

[280] BGH NJW-RR 1991, 1249; dazu auch BGHZ 41, 270, 280.
[281] Vgl. MüKo-Gottwald (2003), § 315 Rz. 50.
[282] Vgl. BGH NJW-RR 1991, 1248; BGHZ 41, 270, 280.
[283] Vgl. MüKo-Gottwald (2003), § 315 BGB Rz. 50; Staudinger-Rieble (2001),
  § 315 BGB Rz. 61.
[284] Vgl. MüKo-Gottwald (2003), § 315 BGB Rz. 30, 50.

rechtigten Partei sich in den Grenzen der Billigkeit hält. In dem bereits 1964 ergangenen Urteil des BGH heißt es dazu[285]:

> *„Es ist [...] nicht etwa [...] ein „gerechter Preis" von Amts wegen zu ermitteln, sondern [...] lediglich zu prüfen, ob die getroffene Bestimmung (oder gegebenenfalls eine etwa an ihre Stelle zu setzende andere Bestimmung) nach dem, was der Bestimmenden dazu vorträgt und unter Beweis stellt sich in den Grenzen hält, die durch [...] § 315 Abs. 3 BGB [...] gezogen sind."*

4. Abgrenzung „billiges Ermessen" (§ 315 Abs. 1 BGB) - „übliche Vergütung" (§ 632 Abs. 2 BGB)

Für den Fall, dass für die Gegenleistung bei einem Dienst-, Arbeits-, Werk- und Mäklervertrag die Höhe der Vergütung vertraglich nicht bestimmt ist, enthalten die Regelungen der §§ 612, 632 und 653 BGB in Abs. 2 eine Auslegungsregel[286]. Diesen Vorschriften zufolge ist der Maßstab für die Vergütung eine eventuell bestehende Taxe[287]. In Ermangelung einer Taxe wird die „übliche Vergütung"[288] geschuldet, welche in den oben genannten Fällen durch Auslegung nach objektiven Maßstäben zu ermitteln ist[289]. Kann auch eine übliche Vergütung nicht festgestellt werden, besteht des Weiteren die

---

[285] BGHZ 41, 270 (280).

[286] Fehlt eine Einigung über die Vergütung, wie sie der § 631 Abs. 1 eigentlich voraussetzt, wird sie nach § 632 Abs. 1 fingiert. Sofern sich nichts aus der vertraglichen Vereinbarung (§ 631 Abs. 1) oder der Vergütungsfiktion (§ 632 Abs. 1) entnehmen lässt trifft Abs. 2 eine Auslegungsregel zur Vergütungshöhe.

[287] Eine taxmäßige Vergütung ist als vereinbart anzusehen, wenn die geschuldete Vergütung in einer Vergütungsordnung festgesetzt ist, MüKo-Busche (2005), § 632 Rz. 21.

[288] Üblich ist diejenige Vergütung, die zur Zeit des Vertragsschluss für Leistungen gleicher Art und Güte sowie gleichen Umfangs am Leistungsort nach allgemein anerkannter Auffassung bezahlt werden muss; BGH NJW-RR 2000, 1560, 1561; die Anerkennung der Üblichkeit setzt gleiche Verhältnisse in zahlreichen Einzelfällen voraus, BGHZ 43, 154, 159; BGH NJW 2001, 151, 152.

[289] MüKo-Gottwald (2003), § 315 Rz. 55; Palandt-Heinrichs (2003), §315 BGB Rz. 6; MüKo-Busche (2005), § 632 Rz. 20. Als weitere Vorschriften, nach denen jeweils eine „übliche" Vergütung zu erbringen ist, sind die §§ 59, 87b Abs. 1, 354 Abs. 1, 403 HGB zu beachten.

Möglichkeit die Höhe der Vergütung nach den Grundsätzen der ergänzenden Vertragsauslegung[290] zu bestimmen[291].

Soweit der Maßstab der §§ 612 Abs. 2, 632 Abs. 2 BGB bei der Bestimmung der Vergütungshöhe zu keinem Ergebnis führt, wendet die Rechtsprechung die §§ 315, 316 analog an[292]. Auf diese Weise gelangt man im Bereich von Energieversorgungsverträgen, zu einem einseitigen Leistungsbestimmungsrecht bezüglich der Preisforderung des Energieversorgungsunternehmens, sofern diese überhaupt streitig ist[293]. Scheitert der Vertragschluss bereits an der Dissens über die Preisforderung des Versorgers, fehlt es bereits an der Anwendbarkeit der §§ 611, 612, 631, 632. Hinzu kommt das der Energieliefervertrag im Gesetz nicht eindeutig bestimmt ist und die von Energieversorgungsunternehmen in kartellrechtlichen Verfahren immer wieder vorgetragenen tatsächlichen Unterschiede in der Versorgungsstruktur, eine einheitliche und verkehrsübliche Entgeltbildung unmöglich machen[294].

Für den Bereich der Tarifkunden hat die Judikatur keine Bedeutung. Der erforderliche Inhalt des Versorgungsvertrags ergibt sich bereits aus den als Rechtsnormen ausgestalteten allgemeinen Geschäftsbedingungen in der AVBEltV beziehungsweise AVBGasV sowie jedenfalls für die Elektrizitätswirtschaft bezüglich der Preishöhe in den nach § 12 BTOElt genehmigten Tarifpreisen[295]. Auch wenn die gemäß § 12 BTOElt genehmigten Tarifpreise lediglich Höchstpreise darstellen, mit der Option für das Energieversorgungsunternehmen diese zu unterschreiten, kommt ihnen in der Praxis regelmäßig faktisch der Charakter von nach § 315 BGB durch das Versorgungsunternehmen festgelegten Ist-Preisen zu[296].

---

[290] Zur ergänzenden Vertragsauslegung siehe insbesondere MüKo-Busche (2005), § 632 Rz. 23 mit Verweis auf MüKo-Mayer-Maly/Busche (2001), § 157 BGB Rz. 25 ff.

[291] Vgl. BGH NJW-RR 2000, 1560, 1562.

[292] Vgl. Held, J. (2003), S. 301.

[293] Vgl. Büdenbender, U. (2002), S. 56; MüKo-Gottwald (2003), § 315 Rz. 55.

[294] Vgl. Held, J. (2003), S. 301.

[295] Vgl. Büdenbender, U. (2002), S. 56.

[296] Vgl. Büdenbender, U. (2002), S. 56.

II. Abgrenzung „billiges" Ermessen - Maßstäbe zur kartellrechtlichen Preisaufsicht

Teilweise wird in der unterinstanzlichen Rechtsprechung[297] und Literatur[298] die Anwendbarkeit des § 315 BGB mangels Regelungslücke auf solche Vertragsbeziehungen abgelehnt, die sich auf die dem Wettbewerb unterliegende Märkte beziehen. Diese Ansicht wird im Wesentlichen damit begründet, dass eine zivilrechtliche Preiskontrolle gemäß § 315 BGB analog bei Versorgungsverträgen von Monopolfällen eingreifen solle. Für diese Fallgestaltungen seien aber gerade die speziell kartellrechtlichen Vorschriften vorgesehen, insbesondere § 19 Abs. 4 Nr. 2 GWB. Demgegenüber geht die alt höchstrichterliche Rechtsprechung davon aus, dass die Rechte aus der Anwendung des § 315 Abs. 3 BGB sowie die Rechte wegen einer Verletzung der kartellrechtlichen Vorschriften nebeneinander geltend gemacht werden können[299]. Die Grenzen des allgemeinen kartellrechtlichen Missbrauchs- und Diskriminierungsverbots (§§ 19 Abs. 4, 20 Abs. 1 GWB) fallen nicht mit den Grenzen der Billigkeitsentscheidung nach § 315 BGB zusammen[300].

Was insbesondere das Verhältnis des § 315 Abs. 3 BGB einerseits und den §§ 19, 20 GWB andererseits zueinander anbelangt, so besteht zum einen ein Unterschied bezüglich der gesetzlichen Tatbestandsvoraussetzungen[301], unter denen die Vorschriften anwendbar sind. Zum anderen kann das billige Ermessen nach § 315 BGB auch deshalb nicht mit dem kartellrechtlichen Maßstab gleichgesetzt werden, da die Gesichtspunkte für die Prüfung eines Verhaltens nach § 315 BGB und §§ 19, 20 GWB ebenfalls verschiedenartig sind[302]. Ziel der Billigkeitskontrolle nach § 315 Abs. 3 BGB ist es zu ermitteln ob die von einer Vertragspartei einseitig bestimmte Leistung der Billigkeit entspricht. Im Wesentlichen erfordert die Billig-

---

[297] Vgl. LG Köln RdE 2004, 306; LG Bremen RdE 2004, 304 f.; LG Rostock RdE 2004, 175, 176 f.

[298] Vgl. Kunth, B./Tüngler, S. (2005), Ehricke, U. (2005), S. 602, S. 1314; Salje, P. (2005), S. 281 ff.; Stappert, H. (2003), S. 3179.

[299] Vgl. BGHZ 41, 271, 279.

[300] Vgl. BGHZ 41, 271, 279; BGH NJW-RR 1992, 183, 185.

[301] Unterschiedliche Tatbestandsvoraussetzungen: § 315 Abs. 3 BGB - Leistungsbestimmung durch eine Vertragspartei; §§ 19, 20 GWB - Geschäftsbeziehung zwischen marktbeherrschenden Unternehmen auf der einen und gleichartigen Unternehmen auf der anderen Seite.

[302] Vgl. BGHZ 41, 279.

keitskontrolle somit die Prüfung und Abwägung der objektiven wirtschaftlichen Interessenlagen nur der beiden Vertragspartner und ist vom Maßstab her auf eine Art Einzelfallgerechtigkeit ausgerichtet[303].

Im Unterschied dazu sind die §§ 19, 20 GWB auf einen generellen Maßstab gerichtet. Trotz marktbeherrschender Stellung kann einem Monopolunternehmen nicht zugemutet werden, sich den speziellen Anliegen eines jeden Unternehmens zu   fügen[304]. Beispielsweise setzt der § 20 GWB eine unterschiedliche Behandlung des „Diskriminierten" gegenüber gleichartigen Unternehmen voraus. In diesem Fall erfordert die Prüfung - ob die unterschiedliche Behandlung „ohne sachlich gerechtfertigten Grund" erfolgt - daher auch die Einbeziehung des Verhaltens des diskriminierenden Unternehmens gegenüber anderen „gleichartigen Unternehmen"[305].

Es kann somit festgehalten werden, dass der § 315 BGB und die kartellrechtlichen Regelungen offensichtlich einen unterschiedlichen Schutzbereich haben. Letztere schützen den Wettbewerb als solchen, wohingegen der § 315 BGB die der einen Vertragspartei übertragene Rechtsmacht, den Inhalt des Vertrages (Preis) einseitig festzusetzen, eingrenzen soll[306]. Allerdings kommt der BGH zu dem Ergebnis, dass im Einzelfall die Prüfung unter beiden Vorschriften häufig zu gleichen Ergebnissen führen könne, da

„[...] im Rahmen des § 315 Abs. 3 BGB die wirtschaftlichen Interessen des die Leistung bestimmenden Teils im Ganzen, also auch hinsichtlich seiner Beziehung zu anderen Geschäftspartnern zu berücksichtigen ist und im Rahmen des § 26 Abs. 2 GWB [a. F.] auch die Verhältnisse des unterschiedlich zu behandelnden Gegners zumindest mit zu berücksichtigen sind [...][307]*."*

303 Vgl. BGHZ 41, 271, 279.
304 Vgl. Baur, J. F./Henk-Merten, K. (2003), S. 29.
305 Vgl. BGHZ 41, 279.
306 Vgl. BGH NJW-RR 1992, 185; Held, J. (2003), S. 300.
307 BGHZ 41, 271, 279; BGH NJW-RR 1992, 183, 185.

D. Maßstab der Billigkeit im Bereich der Energieversorgung

I. Energielieferverträge

Der BGH hat in seiner Rechtsprechung umfassende Grundsätze für die Billigkeit von Verträgen, die die Lieferung von elektrischer Energie zum Gegenstand haben, aufgestellt[308]. Demnach sind im Rahmen der zivilrechtlichen Billigkeitskontrolle der in § 1 EnWG nieder gelegte, das gesamte Energiewirtschaftsrecht beherrschende Grundsatz zu berücksichtigen, dass die Energieversorgung - unter Berücksichtigung der Sicherheit und Umweltfreundlichkeit - so preisgünstig wie möglich zu erfolgen hat[309]:

„Für Verträge, die [...] die Lieferung elektrischer Energie zum Gegenstand haben, muß der das gesamte Energiewirtschaftsrecht beherrschende Grundsatz berücksichtigt werden, dass die Energieversorgung - unter Beachtung der Anforderungen an die Sicherheit der Versorgung - so preiswürdig wie möglich zu gestalten ist."

Somit ist der Grundsatz einer preisgünstigen Versorgung auch in die Ermessensentscheidung der bestimmenden Partei mit einzubeziehen[310]. Wesentliche Elemente der Preisgünstigkeit stellen dabei die Kosteneffizienz und das Prinzip der Gewinnbegrenzung dar.

Zur weiteren Konkretisierung der Preisgünstigkeit wird bei der Versorgung mit leitungsgebundener Energie auf die Maßstäbe der im Bereich der Tarifaufsicht geltenden Grundsätze zurückgegriffen (§ 12 BTOElt)[311]. Demnach verfolgt die Preisaufsicht das Ziel, nur solche Unternehmensgewinne zuzulassen, die den Anforderungen des Kapitalmarktes nach, gerade noch ausreichende Anreize für die Finanzierung der energiewirtschaftlichen Betätigung bieten. Das bedeutet, dass den Elektrizitätsversorgungsunternehmen eine angemessene Verzinsung des investierten Kapitals auf mittlerem Niveau zuzugestehen ist, ohne das Fremdkapital nicht aufgenommen und Anlagekapital nicht gewonnen werden kann[312]. Des Weiteren darf in den Gewinnen auch einen entsprechender Anteil für die Bil-

---

308 Vgl. BGH NJW-RR 1992, 183, 184; Baur, J. F./Henk-Merten, K. (2003), S. 29.
309 BGH NJW-RR 1992, 184.
310 Vgl. Kunth, B./Tüngler, S. (2005), S. 1315; Baur, J. F./Henk-Merten, K. (2003), S. 29.
311 Vgl. BGH NJW-RR 1992, 184 f.; Büdenbender, U. (2003), § 1 EnWG Rz. 20.
312 Vgl. BGH NJW-RR 1992, 185; Büdenbender, U. (2003), § 1 EnWG Rz. 25.

dung von Rücklagen enthalten sein, um die zur Gewährleistung der Versorgungssicherheit erforderlichen Investitionen tätigen zu können[313].

Bezüglich der aus dem § 1 EnWG abgeleiteten Kosteneffizienz dürfen unter Heranziehung des § 12 Abs. 2 BTOElt nur solche Kosten in die Preiskalkulation einbezogen werden, die im Rahmen einer elektrizitätswirtschaftlich rationellen Betriebsführung erforderlich sind. Dazu zählen die Kosten der Erzeugung bzw. Beschaffung und Verteilung von Energie[314]. Für die Stromwirtschaft konkretisiert der § 12 BTOElt somit den Grundsatz einer möglichst preisgünstigen Versorgung durch einen an der Kosten- und Erlöslage des jeweiligen Elektrizitätsversorgungsunternehmens orientierten Preisbildungsmechanismus[315].

II. Übertragbarkeit dieser Grundsätze auf Gaslieferverträge

Gemäß § 1 EnWG gilt der Grundsatz der Preisgünstigkeit auch für die Gaswirtschaft.

Generell, sowie im Hinblick auf die Preisbildung, ist der § 1 EnWG nicht unmittelbar aus sich vollziehbar, sondern kann als Preisbildungsgrundsatz nur im Zusammenhang mit preishöhenbegrenzenden Normen (z. B. § 12 BTOElt, § 315 BGB oder §§ 19, 20 GWB) umgesetzt werden[316]. Da es in der Gaswirtschaft an einer analogen Regelung „BTOGas"[317] mangelt, lässt sich nach der Rechtsprechung des BGH aus dem § 1 EnWG ein zwingendes an den Kosten der Gasversorgung orientiertes Sonderrecht für die Energiewirtschaft nicht ableiten um dem Preiswürdigkeitsziel zu genügen[318].

Es stellt sich die Frage, an welchem objektivem Maßstab die subjektive Überzeugung des Leistungsbestimmenden hinsichtlich der Billigkeit der Preisfestsetzung zu überprüfen ist. Im Hinblick auf diese Fragestellung kann es dahingestellt sein, in wieweit sich die

---

[313] Vgl. BGH NJW-RR 1992, 183, 185.

[314] Vgl. Ehricke, U. (2005), S. 604.

[315] Vgl. Kunth, B./Tüngler, S. (2005), S. 1315; BGH NJW-RR 1992, 183, 185; OLG München NJW-RR 1999, 421, 422.

[316] Vgl. Büdenbender, U. (2003), § 1 EnWG Rz. 26 f.

[317] Vgl. Fn. 200; der § 1 I AVBGasV spricht aber ebenfalls von allgemeinen Tarifpreisen.

[318] Vgl. BGHZ 143, 128 ff.

Vorgaben des § 12 BTOElt aufgrund der sachlichen Nähe auch auf den Gasmarkt anwenden lassen oder wie alternativ dazu ein Nachweis der Billigkeit einer Gaspreisfestsetzung zu führen ist. Die Notwendigkeit einer Billigkeitskontrolle entfiele unter der Prämisse, dass auf dem Tarifkundengasmarkt Wettbewerb bestünde[319]. Eine Preiskontrolle nach § 315 Abs. 3 BGB wäre dann in tatsächlicher Hinsicht   regelmäßig erfolglos, da der sich auf einem funktionierenden Markt einstellende Wettbewerbspreis grundsätzlich dem Prinzip der Preisgünstigkeit und somit auch dem Maßstab der Billigkeit entspräche[320].

Da es auf dem deutschen Gasmarkt immer noch an einem brancheninternen Wettbewerb mangelt, könnte in Anlehnung an das kartellrechtliche Vergleichskonzept, die Billigkeit durch einen Vergleich mit den Konkurrenzprodukten festgestellt werden[321]. Diese Möglichkeit bestünde jedoch nur, wenn durch eine Substitutionsmöglichkeit ein „als-ob-Wettbewerb" eröffnet ist, der es zulässt bei den Gaspreisen von Wettbewerbspreisen zu sprechen. Bestünde hingegen kein Substitutionswettbewerb, so müsste von einem Kostenpreis gesprochen werden, dessen Billigkeit durch die   Offenlegung der Kalkulationsgrundlage und Preisgestaltung des Bestimmenden   überprüft würde[322].

Ungeachtet der bereits in Kapitel vier erfolgten Kritik, dass die Billigkeit einer Preisfestsetzung durch einen Vergleich von Monopolpreisen bereits schon aus methodischen Gründen nicht korrekt feststellbar ist, wurde ebenfalls in den vorhergehenden Abschnitten dargelegt, dass auch ein intensiver Substitutionswettbewerb zwischen Erdgas und leichtem Heizöl nicht zu bejahen ist. Somit ist das in Kapitel vier näher betrachtete Anlegbarkeitsprinzip, welches einen wesentlichen Substitutionswettbewerb in sachlich vergleichbaren Marktsegmenten voraussetzt, zur Ermittlung eines fiktiven Wettbewerbspreises für Gas unzweckmäßig[323]. Der Grund für die Untauglichkeit liegt darin begründet, dass ein branchenübergreifender „als-ob-Wettbewerb" bei fehlendem Substitutionswettbewerb nicht dazu geeignet ist, die in der einen Branche bestehenden

---

[319] Vgl. Ehricke, U. (2005), S. 604.
[320] Vgl. Held, J. (2003), S. 299.
[321] Vgl. Ehricke, U. (2005), S. 603 f.
[322] Vgl. Ehricke, U. (2005), S. 604.
[323] Vgl. Monopolkommission (1992), Hauptgutachten 1990/1991, Tz. 525.

Preissetzungsspielräume durch den Vergleich mit einer anderen, sachlich nicht vergleichbaren Branche, zu kontrollieren[324].

Des Weiteren lässt sich argumentieren, dass das Anlegbarkeitsprinzip als Preisbildungssystem, einen prinzipiell zu befürwortende Substitutionswettbewerb gerade behindert. Ein Angebots- bzw. ein Nachfrageüberschuss auf dem Gasmarkt führt weder zu Preissenkungen noch zu Preiserhöhungen und übt auch keinen Einfluss auf die Preise und Mengen der konkurrierenden Energieträger aus[325]. Nach Ansicht der Monopolkommission dient die Ölpreisbindung demnach vorrangig dem Zweck, die Absatzbedingungen für Heizöl nicht zu stören[326].

Selbst wenn entgegen der hier vertretenen Auffassung, aufgrund der Verwendungsmöglichkeit von leichtem Heizöl und Erdgas, von sachlich vergleichbaren Märkten und von einem bestehenden Substitutionswettbewerb zwischen den beiden Energieträgern auszugehen wäre, dann wären weder eine Billigkeitskontrolle noch vertraglich verankerte Heizölklauseln, die die Anlegbarkeit im Zeitverlauf fortschreiben, notwendig. Die Gaspreise würden sich ohnehin im Wettbewerb mit Heizöl bilden und verändern. Sie würden dem fiktiven Wettbewerbspreis notwendigerweise entsprechen[327].

Für Unternehmen die sich einem vollkommenen Markt mit vollständiger Konkurrenz befinden gilt, dass die Kosten eines Produktes einen wesentlichen Faktor bei der Preisfindung darstellen[328]. Dies ist darauf zurückzuführen, dass sich bei intensivem Wettbewerb, der Produktpreis einer zusätzlich produzierten Einheit den Grenzkosten derselben Einheit immer mehr annähert[329]. Ob es sich bei einem Preis demnach um einen Wettbewerbspreis handelt, ist somit auch davon abhängig, ob der Produktpreis in einem angemessenen Verhältnis zu den Produktkosten steht[330].

324 Vgl. Däuper, O. (2003), S. 58 f.
325 Vgl. Monopolkommission (1992), Hauptgutachten 1990/1991, Tz. 639.
326 Vgl. Monopolkommission (1992), Hauptgutachten 1990/1991, Tz. 639.
327 Vgl. Däuper, O. (2003), S. 58.
328 Vgl. Däuper, O. (2003), S. 48.
329 Vgl. Varian, H. R. (1999), S. 343.
330 Vgl. Däuper, O. (2003), S. 48, 63.

Fazit

In den bisherigen Ausführungen ist deutlich geworden, dass sich bei der Beantwortung der Frage bezüglich der Anwendbarkeit des § 315 BGB auf die Gaspreise in Deutschland einige Schwierigkeiten ergeben. Dies ist darauf zurückzuführen, dass für eine Beurteilung der Anwendbarkeit die sich ständig ändernden rechtlichen und wirtschaftlichen Rahmenbedingungen umfassend zu berücksichtigen sind.

Es konnte gezeigt werden, dass eine Anwendbarkeit des § 315 BGB auf die Gaspreise sowohl analog als auch direkt gegeben ist. Trotz der zum Teil recht un-übersichtlich geführten Diskussion um die Anwendbarkeit des § 315 BGB konnte im Laufe dieser Untersuchung herausgefiltert werden, welche Voraussetzungen für eine direkte oder indirekte Anwendbarkeit des § 315 BGB vorliegen müssen.

Sofern dem Bestimmer der Leistung aufgrund einer als „Kann-Bestimmungen" formulierten Preisänderungsklausel ein echtes Leistungsbestimmungsrecht eingeräumt wird, ist eine direkte Anwendbarkeit des § 315 BGB grundsätzlich gegeben. Für eine **direkte** Anwendbarkeit des § 315 BGB müssen demnach folgende Voraussetzungen gegeben sein:

1) Vertragsverhältnis

2) Einigung auf einseitiges Preisbestimmungsrecht

3) Ausübung des Preisbestimmungsrechts

Eine analoge Anwendbarkeit des § 315 BGB ist grundsätzlich möglich, wenn der Gaslieferungsvertrag der Tarifkunden in einer Monopolsituation abgeschlossen wurde und der Nachfrager nicht in der Lage ist zwischen zwei Belieferungsalternativen zu wählen[331]. Somit kommt eine **analoge** Anwendung des § 315 BGB bei vorliegen der folgenden Vorraussetzungen in Betracht:

1) Monopolstellung

2) Bezugszwang

3) einseitige Preisbestimmung

---

[331] Vgl. Salje, P. (2005), S. 280; Ehricke, U. (2005), S. 605.

An dieser Stelle sei ergänzend darauf hingewiesen, dass es sachlich nicht richtig ist, die analoge Anwendbarkeit des § 315 BGB auf Unternehmen zu beschränken die Leistungen der Daseinsvorsorge anbieten. Der BGH hat, wie in Kapitel fünf gezeigt, insbesondere auf das Vorhandensein einer rechtlichen oder faktischen Monopolstellung abgestellt[332].

Des Weiteren wurde zu Beginn der Untersuchung die Frage aufgeworfen, durch welchen Maßstab eine Gaspreis-Billigkeitskontrolle bei vorliegen der Voraussetzungen des § 315 BGB auszufüllen ist. Dabei konnte gezeigt werden, dass, aufgrund der unterschiedlichen Schutzbereiche, der § 315 BGB nicht durch kartellrechtliche Vorschriften verdrängt wird. Auch die konkrete Ausfüllung des Billigkeitsbegriffs im Sinne von § 315 BGB durch den Rückgriff auf das kartellrechtliche Vergleichsmarktprinzip kommt nicht in Betracht. Einerseits konnte gezeigt werden, dass es gerade im Tarifkundenbereich immer noch an einem brancheninternen Gas-zu-Gas-Wettbewerb mangelt. Andererseits ist ein Vergleich der Gaspreise mit den Preisen der Konkurrenzenergieträgern kein geeigneter Vergleichsmaßstab für den Nachweis der Billigkeit, da bis heute ein wesentlicher Substitutionswettbewerb nicht besteht und durch das Anlegbarkeitsprinzip zusätzlich behindert wird.

Zusammenfassend lässt sich festhalten, dass solange eine Monopolstellung der Gasversorgungsunternehmen zu bejahen ist, der Nachweis der Billigkeit durch die Offenlegung der Kosten zu führen ist. Die Auswahl geeigneter Kostenermittlungsmethoden ist jedoch nicht Aufgabe der Gerichte sondern der, sich mit kostenrechnerischen Fragestellungen befassenden, Fachleute. „Es ist deshalb zu erwarten, dass das Instrument des § 315 BGB einen wesentlichen Beitrag zur Erreichung des energiewirtschaftlichen Ziels einer preisgünstigen Energieversorgung leisten wird[333]."

---

[332] Vgl. Held, J. (2003), S. 300.
[333] Vgl. Held, J. (2003), S. 300.

Quellenverzeichnis

Baumol, W. J. (1982)

Contestable Markets. An Uprising in the Theory of Industry Structures, in: American Economic Review, Vol. 72, S. 1-15.

Baur, J. F./Henk-Merten K. (2003)

Entgeltfindung unter Kontrahierungszwang, 1. Aufl., Baden-Baden 2003.

BGB (2004)

Bürgerliches Gesetzbuch, 55. Aufl., München 2004.

Bischof, J. (2002)

Rechtsfragen der Stromdurchleitung, spezialgesetzliche und kartellrechtliche Liberalisierung des schweizerischen Elektrizitätsmarktes, Zürich 2002.

BMWA (2003)

Bericht des Bundesministerium für Wirtschaft und Arbeit an den Deutschen Bundestag über die energiewirtschaftlichen und wettbewerblichen Wirkungen der Verbändevereinbarung, Berlin 2003.

Böllhoff, D. (2002)

The New Regulatory Regime: The Institutional Design of Telecommunication Regulation at National Level, in: Héritier, A., (Hrsg.), Common Goods: reinventing European and international governance, Lanham 2002, S. 235-262.

Bonde, B. (2002)

Deregulierung und Wettbewerb in der Elektrizitätswirtschaft: eine Untersuchung der politischen Ökonomie der Liberalisierung im internationalen Vergleich, Frankfurt am Main u. a. 2002.

Büdenbender, U. (1995)

Die Kartellaufsicht über die Energiewirtschaft, 1. Aufl., Baden-Baden 1995.

Büdenbender, U. (2002)

Energiepartnerschaften zwischen privaten Versorgungsunternehmen, Stadtwerken und Kommunen, in: Burgi, M., (Hrsg.), Dokumentation einer Fachtagung des Instituts für Berg- und Energierecht am 21. Februar 2002, Stuttgart u. a. 2002, S. 37-77.

Büdenbender, U. (2003)

Kommentar zum Energiewirtschaftsgesetz, Köln 2003.

Büttner, W./Däuper, O. (2002)

Die Preisbildung in Gaslieferverträgen aus rechtlicher Sicht, Teil 2, in: Zeitschrift für Neues Energierecht, 6. Jg., Heft 1, 2002, S. 18-24.

Bundeskartellamt (1974)

Bericht des Bundeskartellamtes über seine Tätigkeit in dem Jahr 1974 sowie über die Lage und Entwicklung auf seinem Aufgabengebiet, Bundestagdrucksache 7/3791, 18. Juni 1975.

Bundeskartellamt (2002)

Marktöffnung und Gewährleistung von Wettbewerb in der leitungsgebundenen Energiewirtschaft, Diskussionspapier für die Sitzung des Arbeitskreises Kartellrecht am 7. Oktober 2002.

Bundeskartellamt (2003)

Bericht des Bundeskartellamtes über seine Tätigkeit in den Jahren 2001/2002 sowie über die Lage und Entwicklung auf seinem Aufgabengebiet, Bundestagdrucksache 15/1226; 27. Juni 2003

Bundeskartellamt (2005)

Bericht des Bundeskartellamtes über seine Tätigkeit in den Jahren 2003/2004 sowie über die Lage und Entwicklung auf seinem Aufgabengebiet, Bundestagdrucksache 15/5790, 22. Juni 2005.

Bräuer, W./Egeln, J./Werner, A. (1997)

Wettbewerb in der Versorgungswirtschaft und seine Auswirkungen auf kommunale Querverbundunternehmen, 1. Aufl., Baden-Baden 1997.

Davis, J. D. (1984)

Blue Gold: The Political Economy of Natural Gas, London u. a. 1984.

Däuper, O. (2002)

Praxishandbuch der Energiebeschaffung. Wirtschaftlicher Strom- und Gaseinkauf - Strategien. Konzepte. Lösungen., Kap. III, 2.4.3, S. 1-16.

Däuper, O. (2003)

Gaspreisbildung und europäisches Kartellrecht, in: Britz, G./Theobald,
C./Held, C., (Hrsg.), Schriftenreihe zum Energie- und Infrastrukturrecht, Bd. 3,
München 2003.

Däuper, O./Maatz, S. (2001)

Praxishandbuch der Energiebeschaffung. Wirtschaftlicher Strom- und Gaseinkauf - Strategien. Konzepte. Lösungen., Kap. III, 1.2.2 , S. 1-4.

Däuper, O./Maatz, S. (2003/2004)

Praxishandbuch der Energiebeschaffung. Wirtschaftlicher Strom- und Gaseinkauf - Strategien. Konzepte. Lösungen., Kap. III, 1.2.1, S. 1-10.

Deregulierungskommission (1991)

Marktöffnung und Wettbewerb, zweiter Bericht der unabhängigen Experten-
kommission zum Abbau marktwidriger Regulierungen, Bonn 1991.

de Wyl, C./Essig, J. Holtmeier, G. (2003)

§ 10. Energielieferungsverträge, in: Schneider, J.-P./Theobald, C., (Hrsg.),
Handbuch zum Recht der Energiewirtschaft, Die Grundsätze der neuen Rechtslage, München 2003.

Donath, R. (1996)

Gaspreisbildung in Europa, Idstein 1996.

Drasdo, P./Drillisch, J./Hensing, I. u.a. (1998)

Konzentration und Wettbewerb in der deutschen Energiewirtschaft, Band 52,
München 1998.

Ehricke, U. (2005)

Die Kontrolle von einseitigen Preisfestsetzungen in Gaslieferungsverträgen, in: Juristenzeitung, 60. Jg., Heft 12, S. 599-606.

Eickhof, N. (1998)

Die Neuregelung des Wirtschaftsrechts, in: Wirtschaftsdienst, 78. Jg., Bd. 48, Heft7, S. 18-25.

Held, C./Neveling, S. (2001)

Praxishandbuch der Energiebeschaffung. Wirtschaftlicher Strom- und Gaseinkauf - Strategien. Konzepte. Lösungen. Kap. III, 2.6.1, S. 1-6.

Held, J. (2003)

Strompreise und Verbraucherschutz durch § 315 BGB? Anwendungsbereiche der zivilrechtlichen Preiskontrolle auf dem liberalisierten Strommarkt, in: Verbraucher und Recht, Heft 8, S. 296-301.

Held, J. (2004)

Überhöhte Preise auf dem Wärmemarkt? - Billigkeitskontrolle von Erdgas- und Fernwärmetarifen nach § 315 BGB, in: Neue Zeitschrift für Miet- und Wohnungsrecht, Heft 5, S. 169-177.

Hensing, I./Pfaffenberger, W./Ströbele, W. (1998)

Energiewirtschaft, Einführung in Theorie und Politik, 1. Aufl., München und Wien 1998.

International Energy Agency (2002)

Energy Policies of IEA Countries - Germany 2002 Review, Paris 2002.

Kleest, J./Reuter, E. (2002)

Netzzugang im liberalisierten Strommarkt, Wiesbaden 2002.

Knieps, G. (2001)

Wettbewerbsökonomie, Berlin und Heidelberg 2001.

Kommission der Europäischen Gemeinschaften (1985)

Vollendung des Binnenmarktes, Weißbuch der Kommission an den Europäischen Rat, (KOM (85) 0310) endg.

Kommission der Europäischen Gemeinschaften (1988)

Der Binnenmarkt für Energie, (KOM (88) 238) endg., 2. Mai 1988.

Kommission der Europäischen Gemeinschaften (1997)

Bekanntmachung der Kommission über die Definition des relevanten Marktes im Sinne des Wettbewerbsrechts der Gemeinschaft, Amtsblatt der Europäischen Gemeinschaften C 372/5 vom 9. Dezember 1997.

Kommission der Europäischen Gemeinschaften (2001)

Erster Benchmarkingbericht über die Verwirklichung des Elektrizitäts- und Erdgasbinnenmarktes, SEK (2001) 1957 vom 3. Dezember 2001, aktualisiert im März 2002.

Kommission der Europäischen Gemeinschaften (2004)

Mitteilung der Kommission an das Europäische Parlament und an den Rat, Jährlicher Bericht über die Verwirklichung des Strom - und Erdgasbinnenmarktes, KOM (2004) 863 vom 5. Januar 2005.

Kramer, N. (2002)

Modellierung von Preisbildungsmechanismen im liberalisierten Strommarkt, Freiberg 2002, erhältlich unter: https://fridolin.tu-freiberg.de/archiv/pdf/-WirtschaftswissenschaftenKramerNikolaus 615248.pdf, Verifizierungsdatum am 26.04.2005.

Kruse, J. (1989)

Ordnungstheoretische Grundlagen der Deregulierung, in: Seidenfus, H. S. (Hrsg.), Deregulierung - eine Herausforderung an die Wirtschafts- und Sozialpolitik in der Marktwirtschaft, Berlin 1989, S. 9-35.

Kühne, G./Scholtka, B. (1998)

Das neue Energiewirtschaftsgesetz, in: Neue Juristische Wochenschrift, Bd. 51, Heft 27, S. 1902-1909.

Kunth, B./Tüngler, S. (2005)

Die gerichtliche Kontrolle von Gaspreisen, in: Neue juristische Wochenschrift, 58. Jg, Heft 29, S. 1313-1392.

Kumkar, L./Neu, A. D. (1997)

Nach beschlossener Marktöffnung auch Wettbewerb in der Elektrizitätswirtschaft? Status quo und Perspektiven in Deutschland und Europa, Kiel 1997.

Mestmäcker, E.-J./Gröner, H./Basedow, J. (1990)

Die Gaswirtschaft im Binnenmarkt, Beiträge zur gemeinschaftsrechtlichen und ordnungspolitischen Diskussion von Marktordnungen, Common Carriage und Preistransparenz, 1. Aufl., Baden-Baden 1990.

Monopolkommission (1976)

Hauptgutachten 1973/1975, Mehr Wettbewerb ist möglich, Band 1, 2. Aufl., Baden-Baden 1977.

Monopolkommission (1992)

Hauptgutachten 1990/1991, Wettbewerbspolitik oder Industriepolitik,1992, Bundestag-Drucksache 12/3031; 12/3032.

Monopolkommission (1994)

Mehr Wettbewerb auf allen Märkten, Hauptgutachten 1992/1993, Bundestag-Drucksache 12/8323; 12/8324.

Müller, J./Stahl, K. (1996)

Regulation of the Market for Electricity in the Federal Republic of Germany, in: Gilbert, R. J./Kahn, E. P., (Hrsg.), International Comparisons of Electricity Regulation, Cambridge 1996, S. 277-311.

Neu, A. D. (1999)

Die Gaswirtschaft im Zeichen von Wettbewerb und Umwelt, Perspektiven der Erdgasversorgung im europäischen Binnenmarkt, Kiel 1999.

Nill-Theobald, C./Theobald, C. (2001)

Grundzüge des Energiewirtschaftsrechts: Die Liberalisierung der Strom- und Gaswirtschaft, München 2001.

Organisation for Economic Co-operation and Development (OECD) (2004)

OECD Reviews of Regulatory Reform, Reform in Germany, Electricity, Gas and Pharmacies -Part I-.

Palandt, O. (2003)

Bürgerliches Gesetzbuch, 62. neubearb. Aufl., München 2003; 63. neubearb. Aufl., München 2004

Piltz, H. (1999)

Kartellrechtliche Preishöhenkontrolle gegenüber Gasversorgunsunternehmen im HuK-Kunden-Geschäft nach der Novellierung des GWB zum 1. Januar 1999, in: Zeitschrift für Neues Energierecht, Heft 3-4, S. 117-128.

Rebmann, K./Säcker, F. J./Rixecker, R.

Münchener Kommentar zum Bürgerlichen Gesetzbuch, Bd. 2a, Allgemeiner Teil (§§ 241-432), 4. Aufl., München 2003; Bd. 4 Schuldrecht Besonderer Teil II (§§ 611 – 704), 4. Aufl., München 2005.

Rügge, P. (1995)

Zur Deregulierung des europäischen Erdgasmarktes, Europäische Hochschulschriften, Frankfurt am Main, Berlin, Bern u. a. 1995.

Salje, P. (2003)

Die Transformation der Binnenmarktrichtlinie Erdgas in Deutsches Recht - Gasnovelle, in: Recht der Elektrizitätswirtschaft, Heft 8, S. 205-209.

Salje, P. (2005)

Das Wettbewerbs- und Kartellrecht als Maßstab einer Gaspreis-Billigkeitskontrolle durch Zivilgerichte, in: Energiewirtschaftliche Tagesfragen, 55. Jg., Heft 4, S. 278-285.

Schiffer, H.-W. (2004)

Überblick und Einführung in die Struktur des deutschen Energiemarktes und seine Perspektiven im Wettbewerb, Vortrag im Rahmen des Euroforum Seminars Einführung in die Energiewirtschaft, Hamburg am 17. November 2004.

Schöne, T./Rossel, M. (2005)

Die versorgerseitige Preisänderung in Sonderverträgen mit Privatkunden, in: Energiewirtschaftliche Tagesfragen, 55. Jg., Heft 3, S. 192-199.

Shirley, M./Walsh, P. (2000)

Public versus Private Ownership: the Current State of the Debate, Policy Research Working Paper No. 2420, Vol. 1, World Bank, Washington, D.C. 2000. Erhältlich unter: http://econ.worldbank.org/files/1175_wps2420.pdf. Verifizierungsdatum am 31. 07.2005.

Soergel, H. T. (1990)

Bürgerliches Gesetzbuch mit Einführungsgesetz und Nebengesetzen, Kommentar, Band 2, Schuldrecht I (§§ 241-432), 12. Aufl., Köln 1990.

Stappert, H. (2003)

Zivilrechtliche Überprüfung von Strompreisen und Netznutzungsentgelten, in: Neue Juristische Wochenschrift, Heft 44, S. 3177-3180.

von Staudinger, J. (2001)

Kommentar zum Bürgerlichen Gesetzbuch, 12. Aufl., Zweites Buch, Recht der Schuldverhältnisse, §§ 315-327, Neubearbeitung, Berlin 2001.

Theobald, C. (2002)

Energiepartnerschaften zwischen privaten Versorgungsunternehmen, Stadtwerken und Kommunen, in: Burgi, M., (Hrsg.), Dokumentation einer Fachtagung des Instituts für Berg- und Energierecht am 21. Februar 2002, Stuttgart, u. a. 2002. S. 14-36.

Theobald, C. (2003)

§ 1. Grundlagen des deutschen Energiewirtschaftsrechts, in: Schneider, J.-P. u. Theobald, C. (Hrsg.), Handbuch zum Recht der Energiewirtschaft, Die Grundsätze der neuen Rechtslage, München 2003.

Trianel GmbH (2004)

Trianel European Energy Trading GmbH, Geschäftsbericht 2004. Erhältlich unter http://www.trianel.com/trianel_cms/Trianel+D_deutsch/ Unternehmensportrait/Download-Area/, Verifizierungsdatum am 27.07.2005.

Varian, H. R. (1999)

Grundzüge der Mikroökonomik, 4. überarb. Aufl., München und Wien 1999.

Verbraucherzentrale Bundesverband (vzbv) (2003)

Verbraucherschutz in netzgebundenen Märkten: Wieviel Staat braucht der Markt?, Regulierung der Märkte für Strom, Gas, Post, Telekommunikation, Öffentlichen Verkehr (Bahn und ÖPNV) und Wasserversorgung, vorgelegt für die Konferenz des vzbv am 18. November 2003.

Von Weizsäcker, C. C. (1990)

Erdgas im Europäischen Binnenmarkt, von Weizsäcker, C. C. u. a., (Hrsg.), Autoren: Bolle ,F. u. a; Schriftenreihe des Energiewirtschaftlichen Instituts, Bd. 38, München 1990.

Zimmermann, G. (1989)

Monopol und Wettbewerb, in: Chmielewicz, C./Eichhorn, P. (Hrsg.), Handwörterbuch der öffentlichen Wirtschaft, Sp. 980-992, Stuttgart 1989.

Zimmermann, G. (2003)

Die kalkulatorischen Kosten bei der Kalkulation von Netznutzungsentgelten, Gutachten von Prof. Dr. Gebhard Zimmermann im Auftrag des Bundeskartellamtes, Oldenburg 2003.

Rechtsprechungsverzeichnis

BGH 29.10.1962, AnwSt (R) 8/62, BGHZ 38, 186

BGH 02.04.1964, KZR 10/62, BGHZ 41, 271

BGH 15.02.1965, VII ZR 194/63, BGHZ 43, 154

BGH 01.07.1971, KZR 16/70, WM 1971, 1456

BGH 21.01.1976, VIII ZR 113/74, NJW 1976, 892

BGH 19.12.1978, VI ZR 43/77, BGHZ 73, 114

BGH 19.01.1983, VIII ZR 81/82, NJW 1983, 1777

BGH 20.06.1983, II ZR 224/82, DB 1983, 2185

BVerfG 20.03.1984, 1 BvL 28/82, BVerfGE 66, 248

OLG Hamm 16.11.1984, 20 U 132/83, WM 1985, 159

BGH 04.12.1986, VII ZR 77/86, NJW 1987, 1828

BGH 28.01.1987, VIII ZR 37/86, BGHZ 100, 1

BVerfG 16.05.19891, BvR 705/88, NJW 1990, 1783

BGH 10.05.1990, VII ZR 209/89, WM 1990, 1715

LG Aachen 24.05.1991, 5 S 70/91, NJW-RR 1992, 274

BGH 24.06.1991, II ZR 268/90, NJW-RR 1991, 1248

LG Düsseldorf 21.08.1991, 23 S 606/90, RdE 1991, 215

BGH 02.10.1991, VIII ZR 240/90, NJW-RR 1992, 183

BGH 10.10.1991, III ZR 100/90, BGHZ 115, 311

LG Hannover 12.03.1992, 21 O 119/91, NJW-RR 1992, 1198

OLG Celle 22.10.1992, 12 U 2/92, NJW-RR 1993, 630

BGH 29.09.1993, VIII ZR 107/93, RdE 1994, 70

OLG Köln 18.05.1994, 11 U 256/93, VersorgW 1995, 133

BGH 23.01.1997, III ZR 27/96, NJW-RR 1997, 1019

OLG Oldenburg 22.01.1998, 14 U 12/97, RdE 1998, 154

OLG München 14.10.1998, 3 U 3587-98, NJW-RR 1999, 421

BGH 03.11.1999, I ZR 145/97, NJW-RR 2000, 1560

BGH 16.11.1999, KZR 12/97, BGHZ 143, 128

BGH 26.10.2000, VII ZR 239/98, NJW 2001, 151

OLG Brandenburg 10.01.2001, 7 U 16/99, GWF/Recht und Steuern 2001, 17

OLG Brandenburg 23.08.2001, 4 U 118/00, GWF/Recht und Steuern 2001, 47

OLG Düsseldorf 07.11.2001, U (Kart) 31/00, RdE 2002, 44

BGH 05.02.2003, VIII ZR 111/02, BGHZ 154, 5

BGH 30.04.2003, VIII ZR 279/02, NZM 2003, 551

OLG München 22.05.2003, U (K) 460/02, RdE 2004, 52

LG Potsdam 09.07.2003, 52 O 208/02, RdE 2004, 307

BGH 05.11.2003, VIII ZR 10/03, NJW 2004, 1598

LG Rostock 12.03.2004, 3 O 181/03, RdE 2004, 175

LG Bremen 22.07.2004, 12 O 82/03, RdE 2004, 304

LG Köln 81 O (Kart) 207/01, 23.07.2004, RdE 2004, 306

LG Kiel 06.10.2004, 14 O Kart 191/02, ZNER 2004, 401

OLG Karlsruhe 27.10.2004, 6 U 22/04, RdE 2005, 51

LG Frankenthal 25.11.2004, 2 HK O 86/04, GWF/Recht und Steuern 2005, 1

AG Heilbronn 15.04.2005, 15 C 4394/04, ZNER 2005, Nr 1, 80-81